Mr. Seki's Guide to English Grammar

関先生が教える

世界一わかりやすい英文法の授業

1週間に2000人以上を教えている人気英語講師

関 正生
Masao Seki

まえがき

■英文法は精巧にできている

ある日、雪を顕微鏡でのぞいてみた人がいました。
その人は雪の結晶があんなにも綺麗だということを発見したのです。
ある日、英文法の世界をのぞいてみました。
すると英文法の結晶は、雪のごとく精巧で、ものすごく綺麗なものでした。この本がそんな「顕微鏡」になればと思っています。

■世間では、英文法はワルモノ扱い……

「あんな細かい分類が日常生活で必要なの？」
「英語がしゃべれないのは文法にこだわっているから」

よく耳にするセリフですね。
たしかに、無味乾燥な説明・ありきたりな例文・そして例外の連続……これにはボクも辟易します。

でも、ホントは英文法ってオモシロいんです。
先人たちは英文法の魅力にハマり、研究を尽くしました。
それから数百年経った現在も研究は続いているのです。
これほどまでに人のココロをとらえたものは、世にそう多くないはずです。

この本は決して、英文法のルールを丸暗記させたり、例外を「紹介」する本ではありません。「こういうルールがあります。例外もあります。さあ覚えなさい」っていう紹介では、英文法の結晶は見えないのです。その美しさに気づかないのです。
この本では文法の「解説」、つまり「なぜそうなるのか？」に徹底的に答えます。難解かつ抽象的に思えた英文法が、氷が解けるように理解されていく英文氷解の瞬間を存分に堪能してください。

■ 英文法は役に立つ!!

英語というコトバは、その核心をつくと、たいてい、ものすっごく単純なルールになるんです。「この用法は何か？」なんて考えたり、ムリにゴロ合わせで覚える必要なんてないのです。
ボクは決して「適当にやっても英語は読めますよ」なんて無意味にわかりやすさを強調しているわけではないんです。
「正しい英語の考え方はものすごくシンプルで役に立つ」ってことを実感してほしいと思っています。
たとえば、正しい「現在形の考え方」は非常にシンプルで、かつ日常会話にも使える（16ページ参照）、正しい「the の知識」だって、英語を書くときにも、話すときにも使える（170ページ参照）のです。
さらに、英文法を正しく理解することで、偉人・名作のコトバがグッと心に沁みわたるのです。
実際に世界中の人々に共感された英文で、英文法が役立つことを実感していただきたいと思います。
シェイクスピアも、ケネディも、マイケル・ジョーダンも、マドンナも、実は英文法を駆使して、深い表現をしているんです。

■ 本書の特長

本書は３部構成です。

Part ① 英文法のナゼ？を解き明かす

従来、無味乾燥で暗記の強要だった英文法を「わかりやすい」のはもちろん、「面白さ」と「知的感動」にこだわって解説しています。必ずや毎回、「目からウロコ」って体験をしていただけるよう、研究に研究を重ねました。さらに毎日全国の予備校で説明を磨き上げ、解説を極限まで洗練させたつもりです。

Part ② 英語を形から理解する

従来の文法書では軽視されていた、また、学校の授業では丸暗記させられた語法や熟語などを徹底的に「解説」しています。決して「robの後には人がくる。物じゃない」なんてムリヤリ暗記させることはあ

りません（153ページ参照）。
さらに、軽い気分転換に裏ワザ（150ページ参照）もたくさんのせました。

Part ③ 品詞・機能を理解する

世間では、面倒くさいうえにルールなんて存在しないと思われてる分野（a と the の使い分け、forgetful と forgettable の判別方法）などをビシッと解説いたします。また、英語力の土台を成す関係詞に大幅にページを割きました。

コラム・補足

英語の楽しさ・奥深さ、また、語彙やリスニングについてもお話しします。楽しみにしてください。
本書は、ほとんどが１テーマ完成の解説です。
パラパラめくりながら、目にとまった名言の所から読んでみてください。
「勉強の基本は、楽しそうなところから」
ボクがいつも予備校で言っているコトバです。

■中１の頃のワクワクした気持ちをもう一度!!

「英語の勉強」と聞いて「むかし感じた英語の楽しさ」を思い出してください。はじめてアルファベットを見た子供のように読んでください。筆記体を覚えるのに夢中になった中学生のように読んでください。英文法はオモシロいですよ!!

> Bodily exercise, when compulsory, does no harm to the body; but knowledge which is acquired under compulsion obtains no hold on the mind. **Plato**
>
> 運動を強制されても、体に害は残らない。
> 学習を強制されると、頭に何も残らない。
> プラトン

2008年1月

関　正生

contents

目　次

contents

まえがき　1

Part 1　英文法のナゼ？を解き明かす
　　　　　——これでモヤモヤがスーっと晴れる

時　制

1 現在形の使い方
　『現在形』はいま現在のことを表さない　………16
　　　現在形は『現在・過去・未来形』って考える!!　…………16
　　　時制の知識を会話に応用する　…………18
　　　現在形が未来の予定にも使える理由(わけ)　…………19

2 進行形
　進行形にできない動詞の秒速判別法　………20
　　　中断・再開できない動詞は進行形にできない　…………20
　　　「彼女はケーキの味がする」!?　…………23

3 現在形の特殊な用法
　「『時・条件』の副詞節では未来形の代わりに現在形」になる理由(わけ)（その1）　………25
　　　『時・条件』を表す『従属接続詞』　…………25
　　　『従属接続詞』を見たら……　…………26

4 現在形の特殊な用法
　「『時・条件』の副詞節では未来形の代わりに現在形」になる理由(わけ)（その2）　………28
　　　シェイクスピアが時制を教えてくれる　…………28
　　　実はまちがいから生まれた公式　…………29

5 現在完了形
　日本語で考えていたら現在完了形はマスターできない!!　………33
　　　現在完了形は『過去＋現在』って考える!!　…………34
　　　完了形はイメージで考える　…………36

ムリに用法を分ける必要はない ……… 37

6 現在完了形の決まり文句
現在完了形から文化の違いが見えてくる!! ……… 39
文化が違えば発想も違う ……… 39

仮定法

7 仮定法ってナニ？
仮定法って実はロマンチック ……… 44
仮定法には「キモチ」がこもる ……… 44
仮定法はロマンチック ……… 46
"I wish 〜"に秘められたシンデレラのキモチ ……… 47

8 仮定法の見抜き方
「仮定法には if が必要」という思い込みを捨てる ……… 49
would / could を見たら仮定法を予想 ……… 50
仮定法は「妄想」の目印 ……… 51
公式には「助動詞の過去形」が必要 ……… 53

9 仮定法の倒置
if は省略することができる ……… 56
TOEIC、英字新聞によく使われる『倒置』 ……… 56
『倒置』のルールを徹底的に身につけるには？ ……… 58

助動詞

10 will の本当の意味
will は「〜でしょう」じゃない ……… 60
will を「〜でしょう」と訳すと…… ……… 60
will はすごくパワフル ……… 61
will は「必ず〜する」だけですべて解決!! ……… 62

11 助動詞と代用表現
must と have to をどう使い分けるか？ ……………65
- must も have to も「プレッシャー」 ……………66
- must と have to の違い ……………67
- will と be going to の違い ……………68

12 may を使った熟語
丸暗記なしで理解する ……………71
- may の意味は50% ……………71
- 熟語も「may の確率50%」で解決!! ……………72

不定詞

13 不定詞は「未来」を表す
なぜ want の後ろに to がくるのか？ ……………78
- to は「矢印（➡）」で考える ……………78
- to 不定詞は「前向き・未来志向」 ……………79
- "V to ～"は「これから～する」 ……………80

14 "be to 構文"の考え方
"be to ～"は「～することになっている」と訳す ……………81
- "be to ～"は「～することになっている」って意味 ……………82
- 英字新聞に使われる"be to 構文" ……………83

動名詞

15 動名詞をとる動詞（その1）
『反復』のイメージがある動詞は後ろに -ing ……………85
- 動名詞は「後ろ向き・過去志向」 ……………86
- 『反復』のイメージがある動詞 ……………87
- ことわざに動名詞が多い理由(わけ) ……………90

16 動名詞をとる動詞（その2）

『中断』のイメージがある動詞は後ろに -ing ……94

『中断』のイメージがある動詞 ……94
ネクラな動詞は後ろに -ing ……95

17 動名詞をとる動詞（その3）

『逃避』のイメージがある動詞は後ろに -ing ……97

『逃避』のイメージがある動詞 ……97

分　詞

18 分詞構文ってナニ？

分詞構文の超カンタン判別法 ……100

分詞構文とは2つの文を適当につなげたもの ……100
分詞構文の訳し方は -ing の位置で決まる ……101
分詞構文の本質は「適当に意味をボカす」こと ……103

Part 2　英語を形から理解する
──文の形が意味を教えてくれる

頭　韻

19 丸暗記なしの熟語習得法

新たな英語の世界『頭韻』 ……106

決まり文句は『頭韻』が決め手!! ……107
たくさんある「頭韻の熟語」 ……108

倒　置

20 なぜ倒置がおきるの？

語順を変えるだけで会話がイキイキする ……110

文をパワーアップさせる『倒置』 ……111

感情表現は、感きわまって「先に言っちゃう」 ………… 112
出し惜しみして、興味をひきつける話術 ………… 113

受動態

21 どういう場面で受動態を使うの？

> 学校では教えない本当の受動態の使い方!! ………… 115

「日本語の受け身」と「英語の受動態」は違う ………… 116
主語を言いたくないときに受動態 ………… 116
受動態は by を使わないのが基本 ………… 119

比　較

22 比較級を使った決まり文句

> "no more ～ than ..." の超カンタン和訳法!! ………… 124

"no more ～ than ..." の裏ワザ ………… 124
no less は「超」と考える ………… 126
『星の王子さま』も矢印２つで解決!! ………… 127
熟語も矢印２つで解決!! ………… 129

文　型

23 ５文型の長所

> 文型から知らない動詞の意味がわかる（その１） ………… 131

文型がわかれば動詞の意味もわかる!! ………… 131
第１文型（SV）の動詞は「いる・動く」って意味!! ………… 133
単語を知らなくても文型で訳せる ………… 134

24 第２文型

> 文型から知らない動詞の意味がわかる（その２） ………… 138

第２文型（SVC）は「S = Cだ」って意味!! ………… 138
"SV + 形容詞" は「S は形容詞だ」って訳す!! ………… 139

25 第4文型
文型から知らない動詞の意味がわかる（その3） ……141

"V 人 物" は「人に物を与える」って訳す!! ……141
知らない動詞も「与える」で OK ……142

語　法

26 marry の語法
"be married to 〜" をネイティブ感覚で身につける ……146

"be married to 人" って熟語のナゾを解く ……146
"be married with" にならない理由(わけ) ……148

27 that 節をとる動詞の語法
that 節をとる動詞は『認識・伝達』の動詞 ……150

"SV that 〜" のVは「思う」「言う」って意味になる ……150
知らない単語もすべて「思う」「言う」で解決 ……152

28 rob の語法
"rob 人 of 物" のナゾを、英語の歴史から考える ……153

rob は「衣服を脱がす」って意味 ……153
of と off は同じ語源 ……154
rob 型の動詞はすべて「奪う」の意味になる ……156

29 tell の語法
tell / convince / notify などの語法を一発でマスター ……158

tell 型動詞を一気にマスターする ……158
tell 型の動詞はすべて「伝える」って意味 ……160
熟語 "be convinced of" の成り立ち ……161

30 感情を表す動詞の語法（その1）
"surprise" が「驚かせる」という意味になる理由(わけ) ……163

文化の違いがコトバの違いに出る ……164
英語の感情動詞は「〜させる」と訳す ……165

31 感情を表す動詞の語法（その2）
「ワクワクする」が "be excited" と受動態になる理由(わけ) …………166

    excitingとexcitedは全然違う …………166

Part 3 品詞・機能を理解する
―― これで英文把握力がグ〜ンとアップする

冠　詞

32 the の知識
the と a のネイティブ感覚を身につける …………170

    みんなで指させれば the …………171
    the の知識を会話に使ってみる …………172
    a と the ではこんなにも意味が違う!! …………173

名　詞

33 不可算名詞の考え方
数えない名詞の3パターン!! …………176

    具体的な形がイメージできないものは数えない …………176
    見えないものは数えない …………177
    切っても OK なものは数えない …………179
    baggage を数えない理由(わけ) …………180

形容詞

34 まぎらわしい形容詞の瞬間判別法
形容詞の語尾に注目!! …………184

    -able / -ibleは『受動』の意味になる …………184
    -able / -ible で知らない単語も訳せちゃう …………187

副　詞

35　頻度の副詞の位置

頻度の副詞を使いこなす　………190

　　頻度の副詞はどこに置く？　………190
　　頻度の副詞は not の位置に　………192

接続詞

36 "so ～ that ... 構文"

ネイティブが "so ～ that ... 構文" に気づく理由（わけ）　………195

　　ネイティブは "so" が気になる　………195
　　"so" は「それほど」と考える　………197

関係詞

37　関係詞の基本構造

返り読みしない関係詞の訳し方　………200

　　読解のスピードアップ!!　関係詞を代入法で訳す　………200
　　関係代名詞は「形容詞のカタマリ」をつくる　………201
　　主格を使って文をつなげる　………202
　　目的格を使って文をつなげる　………203
　　1つの文を2つに分けて訳す　………204

38　関係代名詞の省略の見抜き方

関係詞がわかれば読解がラクになる!!　………207

　　"名詞 + SV" を見たら関係代名詞の省略　………207
　　"前置詞 + 関係代名詞" はワンセット　………208

39　関係副詞の基本構造

関係副詞も形容詞節をつくる　………211

　　関係副詞を使って文をつなげる　………211
　　関係副詞も形容詞節をつくる　………213

40 関係代名詞 what
- what は名詞節をつくる ・・・・・・・・・・・・215
  - 関係代名詞 what は名詞のカタマリをつくる ・・・・・・・・・・215

41 -ever がついた複合関係詞
- 名言によく使われる『複合関係詞』、覚えることは2つだけ!! ・・・・・・・・・・・・220
  - -ever がついたら形容詞節だけはつくらない ・・・・・・・・・・220
  - -ever がついたら『譲歩』で訳す ・・・・・・・・・・223

42 関係形容詞の基本構造
- 疑問詞と関係詞は使い方が同じ ・・・・・・・・・・・・225
  - 関係形容詞は中1の知識で十分 ・・・・・・・・・・225
  - 複合関係形容詞は『譲歩』の意味を加えるだけで OK ・・・・・・・・・・227

コラム
- なぜ赤ちゃんは「パパ」「ママ」しかしゃべれないのか？　43
- 子供はこうしてコトバを覚えていく　91
- カンタン単語習得法──"en" がついたら「〜を中にこめる」って訳す　122
- 言いにくいことは遠まわしに言う（その1）　136
- 言いにくいことは遠まわしに言う（その2）　144
- 音で覚える英単語　183
- リスニングも理屈から（その1）　198
- リスニングも理屈から（その2）　218
- なぜ英単語のスペルは難しいのか？　230

巻末付録──文法の補足・語彙リスト　233

あとがき　251

参考文献　253

本文イラスト／さとう有作

Part 1

英文法のナゼ？を解き明かす
―これでモヤモヤがスーっと晴れる

時制 1. 現在形の使い方
『現在形』はいま現在のことを表さない

> Man errs so long as he strives.
>
> Johann Wolfgang von Goethe
>
> 人は過ちを犯す。努力しているからだ。
>
> ゲーテ

● **現在形は『現在・過去・未来形』って考える!!**

『現在形』は、決していまこの瞬間のことは表さないんです。
現在形とは**現在・過去・未来すべておこることに使うのです。**

> 『現在形』って名前がまぎらわしいんです。『現在・過去・未来形』って名前のほうがずっと便利ですよ。

では、具体例を見てみましょう。

I <u>go</u> to school.　「私は（昨日も今日も明日も）学校へ行きます」

昨日も今日も、そして明日も学校へ行きますよね。たまには休む日もあるで

しょうが、現在・過去・未来におこることなので、現在形 go を使います。決して、いまこの瞬間「学校に行ってる（＝通学の最中）」ってわけじゃないんです。これを参考書では『現在形で習慣を表す』って書いてあるんです。

The sun rises in the east. 「太陽は（昨日も今日も明日も）東から昇ります」

昨日も今日も、そして明日も、太陽は東から昇ります。たまに休んだりしません。休みたい日もあるでしょうが休みません。これも現在形 rise を使います（ここでは3単現の s がついて rises）。この文も、決して「いまこの瞬間、太陽がグイグイ昇ってる最中」じゃないですよね。
夜、太陽なんか見えなくたって The sun rises in the east. って言ってもOK です。
これを参考書では『不変の真理』って書いてあります。
気づきましたか？
イチイチ『習慣』とか『不変の真理』なんて用語を覚えなくても『現在・過去・未来形』で OK なんです。

見出しのゲーテ（1749〜1832）のコトバにも現在形が使われていますね。

Man errs so long as he strives.

🖋 err「まちがいをする」は名詞形 error「誤り」を思い出せばカンタンですね。

直訳は「人間は努力するかぎり、（昨日も今日も明日も）過ちを犯す」です。メッセージとしては、「過ちを犯すのは人間の習慣・真理なんだから、ミスを恐れるな」ってことでしょうね。

● 時制の知識を会話に応用する

What do you do?

この会話表現、知ってますか？「何してるんですか？」ではないですよ。正解は……
「あなたのお仕事は何ですか？」です。でも、これを知らなくっても、いまやった時制の知識を使えば意味がわかっちゃうんです!!
What do you do? の最初の do は **現在形** です（もし過去形なら What did you do? ですもんね）。ここでさっきの **現在形＝現在・過去・未来形** ってことを意識して、この英文を直訳してみてください。

「あなたは、（昨日も今日も明日も）何をしますか？」
→「あなたのお仕事は？」ってなるんです。（ボク自身もアメリカ人やイギリス人に聞かれたことがあります。初対面でイキナリ。よく使うみたいですね）

では、応用問題。

What do you do for fun?

下線部に注目してください。
「あなたは、（昨日も今日も明日も）**楽しむために**何をしますか？」
→「**趣味は何？**」ってなります。

これを"What do you do?"と勘違いして"I'm a dentist."とか言っちゃうと、会話が成り立ちませんよね。
会話表現を暗記してなくても意味がわかる、これが文法の力なんです!!

現在形の使い方【時　制】

● 現在形が未来の予定にも使える理由(わけ)

現在形は**現在・過去・未来に成り立つ**ことを表すので、駅の時刻表などにも使われるんです。

The train arrives at seven.　　「電車は7時に着きます」

参考書には「確定した未来には現在形を使う」なんて難しい説明があります。実はこれもカンタン。"arrives" という現在形に注目してください。
『現在形＝現在・過去・未来形』ですから「（昨日も今日も明日も）その電車は7時着」ってことなんです。

最後に補足です。現在形はいま現在のことは表さないんでしたね。じゃあ、いまこの瞬間の動作を表すにはどうするのでしょうか？
ここで**現在進行形** "be ＋ - ing" の登場です。

What do you do?　　　「あなたのお仕事は何？」
What are you doing?　「（いまこの瞬間）何してるの？」

まとめ

① 現在形＝現在・過去・未来形

② What do you do?
　　「昨日も今日も明日も何するの？」
　→「お仕事は何？」

時制
2. 進行形
進行形にできない動詞の秒速判別法

> It's easy to say,
> "I love you," to someone,
> but it's more meaningful
> to thank someone for loving you.
>
> **Jon Bon Jovi**
>
> 「愛してる」って口にするのは簡単なんだ。
> でも、自分を愛してくれたことを相手に
> 感謝するほうがずっと大切なことなんだよ。
>
> ボン・ジョヴィ

ボン・ジョヴィのコトバに "I love you" があります。
love は「愛している」なのに、進行形にできない動詞って言われます。

● **中断・再開できない動詞は進行形にできない**

わざわざ進行形にできない動詞を暗記しなくても、ルールを１つだけおさえ

れば大丈夫です。

５秒おきに中断・再開できない動詞は進行形にできない

このルールだけ、ぜひマスターしてください。例外なく使えます。
たとえば、run「走る」という動詞。５秒ごとに中断・再開できますか？
５秒ごとに走るのやめたり、また走り出したり……。

できますよね。だから run は進行形にできます。
be running って形は OK です。
eat「食べる」も study「勉強する」も中断・再開できますね。
だから be eating も be studying も OK です。

では次。resemble「似ている」はどうでしょう？

She resembles her mother. 「彼女はお母さん似です」

５秒ごとに母親に似なくなって、また似てくる……。
絶対ムリですよね。ですから（×）be resembling にはなりません。
「似ている」という日本語につられないように注意してください。

じゃあ、今度は have です。

I have two brothers. 「兄弟は２人です」

中断・再開できますか？
そんな残酷なことできませんよね。
ですから（×）I am having two brothers. はダメなんです。
「持っている」という意味の have は進行形にできないんです。

では「食べる・飲む」って意味の have はどうでしょうか？
中断・再開できますか？

He is having dinner.　「彼は夕食のまっ最中です」

できますよね。「食べる」って意味の have は進行形にできるんです。
これを「例外だ」なんて覚える必要はないんです。

ここで普通の参考書の説明を見てみましょうか（流す程度でかまいません）。

【進行形にできない動詞】（一般参考書の記述）
1．状態や構成を表す動詞
　　resemble / belong to / consist of / contain / have
　　例外：have が所有以外の意味のときは進行形にできる

2．知覚・心理を表す動詞
　　believe / hate / know / like / love / think / want / smell / taste

---

続けましょう。like「好き」は進行形にできますか？

I like dogs.　「犬が好き」

みなさんも dogs のところに好きなものを入れてみてください。
次に、その好きなものを5秒間中断して、その後にまた好きに戻って……。

絶対できませんよね。絶対に。
だから（×）be liking なんて言わないんです。
見出しのボン・ジョヴィのコトバには "I love you." があります。

like と同じように、love も進行形にできませんね。

> ちなみに "for loving you" の loving は前置詞 for の後ろにあるので『動名詞』です。進行形ではないですよ。

● 「彼女はケーキの味がする」!?

じゃあ taste「味がする」は？
いま、目の前にある苦〜い果物を食べなきゃいけません。
いくら苦いからって「5秒ごとに苦い味が中断してくれれば……」なんてムリですよね。ですから（×）be tasting にはなりません。

This fruit tastes bitter.　「この果物は苦い味がする」

では、ここで問題です。そっくりな問題が慶応大学の入学試験でも出ました。

> 次の英文が文法的に正しければ○、まちがっていれば×をつけなさい。
> She is tasting the cake.

よ〜く考えてください。taste を「味がする」って訳したら、この英文は「彼女はケーキの味がする」??　これでは変ですよね。

では、この taste はどういう意味ですか？
ワインの「テイスティング」って聞いたことありますよね、そうです、あのtaste なんです。「彼女はケーキの味見をしている」って意味なんです。
「味見」って5秒ごとに中断・再開できる？　できない？

もちろん「できる」ですよね。よって be tasting は OK!!
もし参考書で「taste は知覚動詞だから進行形にできない」なんて暗記しちゃったら、かえってまちがえちゃうって問題でした。

① 5秒ごとに中断・再開できる
　　　　　　　→進行形にできる
② 中断・再開できない→進行形にできない

 現在進行形が「未来」を表せる理由

現在進行形には未来のことを表す用法もあります。
参考書には「近接確定未来は現在進行形で未来の内容を表せる」なんて説明があります。でも、ナニガナンダカ……。

I'm going to France next week.「来週フランスに行く予定です」

では説明いたしましょう。実は、**予定が決まると**
頭の中でリアルに進行しちゃう→思わず進行形を使っちゃう
これだけなんです。

ですから参考書で「be + -ing を未来の代わりに使うと、準備が進んでいる印象を与える」なんて解説を読んでも納得できますよね。
もうフランス行きのチケット買って、デジカメ買って、ガイドブック読みながら頭の中ではパリの街中を散歩している『まっ最中』なのです。
実際もうすでに旅行が一歩だけですが、進行してますね。
フランスへ行きつつある（be going）ってことになるんです。
このように個人的なスケジュールに be + -ing を使うんです。
公的な予定（たとえば時刻表）などには、現在形を使うんでしたね（19ページ参照）。**現在形＝現在・過去・未来形**でしたよね。

現在形の特殊な用法
「『時・条件』の副詞節では未来形の代わりに現在形」になる理由(わけ)(その１)

> I know Grandmother will leave me
> as soon as the match goes out;
> you will vanish like the warm fire
> in the stove.
>
> *The Little Match-Girl* **Hans Christian Andersen**
>
> マッチの火が消えちゃうと
> おばあちゃんはいなくなっちゃうの。
> 暖炉の火みたいに消えちゃうの。
>
> 『マッチ売りの少女』アンデルセン

● 『時・条件』を表す『従属接続詞』

このルール、聞き覚えないですか？

　『時・条件』を表す副詞節の中では未来形の代わりに現在形を使う

まずはこのルールを説明してから、次の講では学校で教えてくれない、**なぜこんな公式ができるのか**をお話ししていきます。

まずは、公式の説明から。
『時・条件』を表す副詞節をつくるのは『従属接続詞』です。

【『時・条件』を表す従属接続詞】
when「～するとき」 / as soon as「～するとすぐに」 / by the time「～するまでには」 / if「もし～なら」 / unless「～でないかぎり」

→詳しくは234ページ

● 『従属接続詞』を見たら……

これからは、when や if などの従属接続詞を見たら、以下の形を予想してください。

"(従属接続詞 sv), SV."、もしくは "SV (従属接続詞 sv)."

→ ( ) は (副詞節)

たとえば as soon as を見たら、
(As soon as sv), SV. / SV (as soon as sv) って言えれば完璧です。
これ知っとくだけで、英文がグッと読みやすくなりますよ。

見出しの『マッチ売りの少女』のコトバを見ていきましょう。
as soon as に注目してください。
as soon as はどんな形をとりますか？

現在形の特殊な用法【時　制】

Grandmother will leave me (as soon as the match goes out) ;
　　　S　　　　V　　　　(as soon as　　s　　　v　　)

as soon as は副詞節をつくるんでしたよね。
(　　) が副詞節です（節については245ページ参照）。
副詞節の中なので、goes out と現在形になってますね。
では次の講で、なぜ現在形になるのか説明します。

まとめ

when / if / as soon as などを見たら
(When sv), SV. の形を予想!!

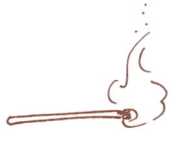

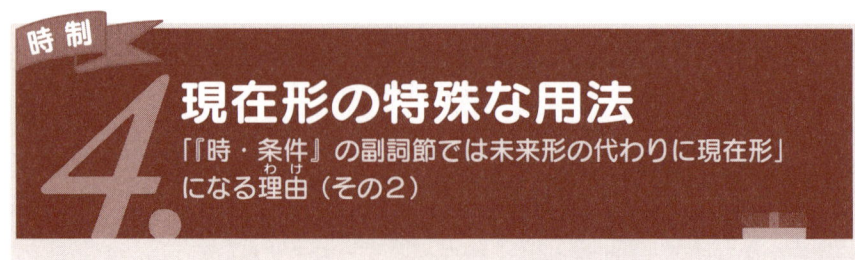

4. 現在形の特殊な用法

「『時・条件』の副詞節では未来形の代わりに現在形」になる理由(その2)

> If love be blind,
> it best agrees with night.
>
> *Romeo and Juliet* **William Shakespeare**
>
> 「恋は盲目」というのなら、
> なおさら夜こそ恋にふさわしい。
>
> 『ロミオとジュリエット』シェイクスピア

● シェイクスピアが時制を教えてくれる

お待たせしました。ここからは、なぜ『時・条件』を表す副詞節の中では未来のことでも、未来形の代わりに現在形を使うのか?を説明します。

まずはシェイクスピア(1564〜1616)の作品を使って英語の歴史をお話しします。
シェイクスピアの時代、『時・条件』の副詞節の中では、いまと違って、なんと原形が使われていたんです。『原形』です。『現在形』とは違いますよ。

> たとえばbe動詞の原形は "be" ですよね。"is / am / are" は現在形です。

見出しの『ロミオとジュリエット』の文には"If love be blind"って原形の"be"が使われていますね。シェイクスピアの他の作品にもこの"be"があります。

If music be the food of love, play on.

Twelfth Night

音楽が恋の糧になるのなら、弾き続けてくれ。

『十二夜』

当時、if や when がつくる副詞節の中では、『原形』が使われていたんです。if「もし～ならば」、when「（これから）～するときに」ってのは、まだその動作が起きていない、これからその動作が生まれる、ってことですよね。まだ生まれていない動作を、動詞のいちばん素の状態、つまり『原形』で表したんです。

● 実はまちがいから生まれた公式

しかし!!
それからしばらく月日が経ち、みんなが「なんで"love be blind"なんだ？"love is blind"のほうが自然だろ」って言い出しちゃったんですね。まちがえる人が多く、次第にそれが正しい英語と思われるようになっていったんです。

> 「まちがいから生まれた」って言うと「ホントかよ？」なんて思っちゃう人もいるかもしれません。でも語学ではたまに起きる現象なんです。日本語にも例があるんですよ。たとえば「独壇場（どくだんじょう）」も、本当は「独擅場（どくせんじょう）」でした。「擅」と「壇」が似ているからみんなまちがえて、いつのまにか「壇」も正しいとされたんですね。

これを「未来の代わりに現在形」って習ったんです。
でもホントは「（むかしは）原形が使われていたけど、（いまは）現在形を使うようになった」というのが正しいんです。

『時・条件』の副詞節では 未来のことでも『現在形』を使う!!

 自動詞と他動詞の秒速判別法

『時・条件』を表す副詞節では未来の代わりに現在形

このルール、あくまで副詞節の中だけしか適用されません。
副詞節以外（名詞節や形容詞節）では、未来のことは、ふつうに未来形で OK です。参考書には副詞節では未来のことでも現在形だけど、名詞節では未来のことは未来形のままでいいって書いてあります。
ややこしいですよね。では、この違いをきちんと理解していきましょう。

副詞節と名詞節の両方をつくる接続詞は when と if の 2 つだけです。
だから判別しなきゃいけないのはこの 2 つだけですよ。
では、副詞節と名詞節の判別方法をお話しします。
次の形になるとき、when / if は名詞節をつくるんです。

他動詞 ＋ when / if S V
　　　└→ 名詞が欲しい!!

他動詞の後には名詞がきます。
つまり他動詞の後にきた when / if は名詞のカタマリ（名詞節）になるので、この場合は未来のことは未来形のままなんです。
ここで「他動詞ってワケわかんないんだよなあ」って思いませんか？
予備校でも「高校英語でイヤだった思い出 No.1 は自動詞・他動詞」って言う受験生がたくさんいます。では、非常にカンタンな判別法をお話ししましょう。

現在形の特殊な用法【時　制】

> 自動詞：「あっそう」って言えちゃう動詞
> 他動詞：「何を？」って聞き返せる動詞

これだけです。
たとえば、ボクが「買うんだ（buy）」って言ったら、みなさん「何を？」って聞き返せますか？
聞き返せますね。問題ないですよね。だから buy は他動詞です。

次、write「書く」は？
「オレ、書いたんだ～」って言われたら、何て言いますか？
「あっそう……」
ダメです。
いきなり「あっそう」って言ったら、世の中すべて自動詞になっちゃいます……。

男：「オレ、知ってんだ」
女：「あっそう……」
男：「オレ、好きなんだ」
女：「あっそう……」
男：「オレ、オレ、オレ、オ……」

少しは「オレ」に興味もってあげてください。
まずは「何を？」って聞いてくださいね。
それで会話が成立すれば他動詞です。

では live「生きる」は？
「何を？」って意味不明ですよね。「あっそう」ですね。だから自動詞。

では grow は？
「成長する」なら、「あっそう」で OK。だから自動詞です。
でも「育てる」なら「何を？」ですよね。だから「育てる」って意味のときは他動詞なんですね（この grow のように、自動詞と他動詞両方の意味をもつ動詞もたくさんあります）。

この判別法、かなり役立ちますよ。
でも正直言うと、100％確実な方法ではないんです。
十中八九うまくいきますが、少しだけ例外もあります。
marry「結婚する」とか enter「入る」とか。
こういったわずかな例外は覚えるしかないんですね (248ページにまとめてあります)。
まずはこの「何を？」&「あっそう」判別法を先にマスターしちゃってください。

さあ、これで他動詞も「わかりました」ね？
「わかる・知る」って自動詞？　他動詞？

「オレ、知ってんだ～」って言われたら
「何を？」ですよね。
know は他動詞です。

では、次の if は副詞節？　名詞節？　どっちでしょうか？

I don't know if this research will bear fruit.

know に注目してください。自動詞ですか？　他動詞ですか？
他動詞ですよね。他動詞の後にくるのは何節でしたか？

I don't know │if ...│
　　他動詞　→　│名詞│がくる

名詞節でしたね。if は名詞のカタマリ（名詞節）をつくります。
他動詞 know の直後にある if を見た瞬間に「名詞節だっ!!」って言えますね。

I don't know │if this research will bear fruit│.
　　他動詞　→　名詞節

「この研究が実を結んでくれるかどうかわからない」

> 🖋 まちがっても訳から考えて「この if は、～かどうかって訳せばよさそうだから、名詞節かなあ」なんてやらないようにしましょう。そんな判別方法だと、単語がわからないと（今回の bear fruit「実を結ぶ・成果をあげる」）、if の判別ができなくなっちゃいますから。

5. 現在完了形【時制】

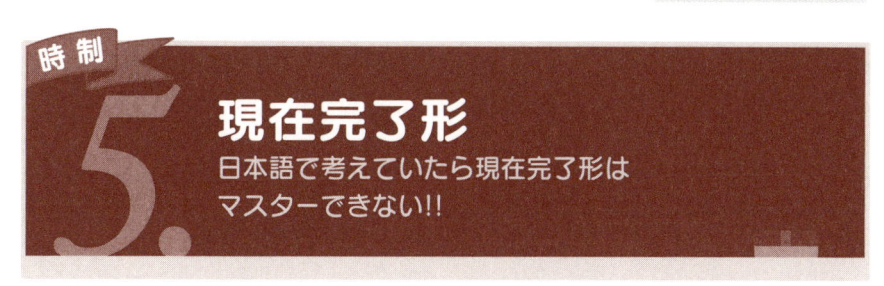

現在完了形
日本語で考えていたら現在完了形はマスターできない!!

> I've missed more than 9000 shots
> in my career.
> I've lost almost 300 games.
> I've failed over and over
> and over again in my life.
> That is why I succeed.
>
> **Michael Jordan**
>
> いままでにミスしたシュート9000本。
> 負けゲーム300回。ずっとミスをしてきた。
> 何度も、何度も、何度も。
> だから俺は成功する。
>
> マイケル・ジョーダン

マイケル・ジョーダンのコトバにはたくさん完了形（have + p.p.）が使われています（p.p.とは『過去分詞』のこと。past participle の略で p.p. と書きます）。でもこれ、学校で習った継続「いままでに〜してきた」でも、経験「〜したことがある」でも、どっちでも訳せちゃいますよね。

実は、**完了形ってイメージをつかむことが大事**であって、実際の英文では「これは○○用法です」って割り切れないことがしょっちゅうなんですよ。

● 現在完了形は『過去＋現在』って考える!!

現在完了形のイメージをお話しします。まずは次の文を英語にしてください。

> （会社に昨日と同じ服装で出社した同僚に理由を聞きました。返ってきた答えは……）
> A)「カギをなくした」
> B)「カギをなくしてしまった」

さあどうなりました？　ここでAとBの答えが同じになっちゃった人、正直に手をあげてください。はい正直に。

その人はたぶん……
……正解してると思います。
いまボクの「同じになっちゃった」って日本語の言い回しだけで、なんか手があげにくくなりませんでしたか？
このような日本語の言い回しにひっかからないってのが、完了形ではものすごく大事なんです。聞いたことありませんか？　「現在完了っていう時制は日本語にはない」って。それはつまり日本語訳で考えているうちは完了形はマスターできないってことなんです。ではどうすればいいのでしょうか？

イメージで考えるクセをつけてください。

　　　　　　　　　3年前　　　　　　　　　現在
―――――――――●―――――――――●―――――――→
　　　　　　　　　①　　　　　　　　　　②
　　　　I lived in Tokyo three years ago.　　I live in Tokyo.

現在完了形【時　制】

前のページの下にある図を見ながらイメージしてください。
たとえば、読者のみなさんがいま、東京に３年間住んでるとしましょう。いまは②の位置にいますね。ここはもちろん現在形（I live in Tokyo.）です。
で、住み始めたのは①です。
だから①は過去形（I lived in Tokyo three years ago.）です。
でも、「３年間東京に住んでいる」って言いたいときは、①だけでも②だけでも足りない。っていうか①＋②にしてしまいたいですよね。
それが現在完了形です。下の図を見てください。

```
        ３年前      ３年間         現在
────────●━━━━━━━━━━━━━▶●────────▶
         ①         ①＋②          ②
              I have lived in Tokyo for three years.
```

①＋②の部分でずっと東京に住んでいることになりますね。
このゾーンを言いたいときに、"現在完了形 have＋p.p."を使うんです。
ですから「３年間東京に住んでいる」はこうなります。

I have lived in Tokyo for three years.

現在完了形＝過去＋現在と考えてください。
もしくは have＋p.p. とは、過去の状態（p.p.）を所有（have）しているとも言えます。
だから**過去と現在、両方の情報が入っている**のです。
しかも「いま現在、所有（have）している」のですから、**現在のほうがメイン**なんです。

● 完了形はイメージで考える

A）カギをなくした（だからいまも家に入れず昨日と同じ服装）。

これはさっきの図で矢印ゾーンですよね（「過去の１点でなくした→いまもなくしたままで家に入れない」わけです）。したがって、現在完了形 have lost を使います。答えは次のようになります。

　　A) I have lost my key.

では次。
B）カギをなくしてしまった（だからいまも家に入れず昨日と同じ服装）。

図で考えると、どこの部分になるでしょうか？
Ａの文とまったく同じですね。これも矢印ゾーンのところです。
ですから、これも現在完了形 have lost を使います。

　　B) I have lost my key.

ＡとＢの答えは「同じになっちゃう」のです。
いまやった２問、最初は以下のように書いた人が多いと思います。

　　A) ✕　I lost my key.　　B) ◎　I have lost my key.

このミスの原因は、「なくした」→ 過去形、「なくしてしまった」→ 現在完了形って思っちゃったことなんです。これで「日本語訳で考えると完了形はできない」ってことが実感できたと思います。

現在完了形【時 制】

● ムリに用法を分ける必要はない

中学校では現在完了形の3つの用法を習います。
実は3つとも35ページの図の矢印ゾーンのことなんですね。

> 1. 継続「(過去から)いままでずっと~している」
>   I have known that actress since she was a baby.
>   「その女優が赤ん坊のころからずっと知っている」
> 2. 完了・結果「(過去から始めて)ちょうどいま~したところだ」
>   I have just eaten the cake.
>   「ちょうどケーキを食べてしまったところだ」
> 3. 経験「(過去から)いままでに~した経験がある(いまその経験をもっている)」
>   I have seen a koala once.　「コアラを1回見たことがある」

すべて**現在までの矢印**なんです。すぐに「どの訳になるのか?」って考えるのではなく、イメージを優先しましょう。実際の英文では「この用法は継続」とか「これは経験」ってハッキリ決まるとはかぎらないんです(だからこそ全部 "have+p.p." という同じ形をしているんですね)。

見出しのマイケル・ジョーダンのコトバには現在完了形がたくさん使われています。図を思い浮かべてください。すべて矢印ゾーンのことですよね。

I've missed more than 9000 shots in my career. I've lost almost 300 games. I've failed over and over and over again in my life.

継続「いままでに〜してきた」でも、経験「〜したことがある」でも、どっちでも OK ですよね。むしろその2つを含んでるって感じがベストだと思いませんか？ うまく日本語には出せない。でもイメージは浮かぶ!! これが正しい考え方なんです。

> **まとめ**
> 『過去から現在へと続いているイメージ』のときは『現在完了』!!

6. 現在完了形の決まり文句
現在完了形から文化の違いが見えてくる!!

> Anyone who has never made a mistake
> has never tried anything new.
>
> **Albert Einstein**
>
> 失敗したことがないという人は
> 新しいことに挑戦したことがない人なんだ。
>
> アインシュタイン

アインシュタイン（1879〜1955）のコトバで現在完了形の復習から。もちろんイメージで考えましょう。**過去からいままでずっと「ミスしない」、「挑戦しない」ってイメージ**です。never があれば『経験』を表すって習ったかもしれませんが、あえて少しだけ『継続』も意識して「いままでミスしたことがなかった人は、いままでず〜っとず〜っと新しいことにトライしてこなかった人なんだよ」って訳すと、すごく雰囲気が出るんです。

● 文化が違えば発想も違う

大学入試でよく出る、現在完了形の書き換え問題です。

> He died two years ago.
> = He has been dead (　) two years.

答えは for です。思い出しましたか？

He has been dead for two years.　「2年間ずっと死んでいる」

でもこの英文、変な和訳になっちゃいますね。
現在完了形が使われていますから、イメージで考えていきましょう。

be born　　　alive　　　die　　　dead

He died two years ago.　「2年前に亡くなった」

この訳はよくわかります。でも、

He has been dead for two years.　「2年間ずっと死んでいる」

この日本語、おかしいですよね？
「ずっと死んでる」だなんて、そんな発想しませんよね？
でも問題集では「書き換えパターン」と言って説明はなかったと思います。
では、なぜ英語にはこんな表現があるのか説明します。

日本と欧米では、生死観が違うんです。

現在完了形の決まり文句【時　制】

欧米人の多くは、聖書の考えに従って soul（魂）は永遠に不滅で、それが body（肉体）の中に宿っている。soul と body は別々のものって考えがあります。
soul はいずれ heaven（天国）に行くのが理想で、body は細胞の寿命をむかえると tomb（お墓）に埋葬されるわけですよね。

> 魂は死なないからこそ、死後の世界を真剣に信じ、天国へ行くためにお祈りをするんです。海外のサッカー選手がゴールを決めたときお祈りしている姿を見たことありますよね。日本人Jリーガーはお祈りしてませんね。

He has been dead for two years. には「body の寿命が切れた（dead）状態が、2年間ずっと継続（has been ～ for two years）している」って発想があるんです。
それを直訳すると、「2年間ずっと死んでいる」なんてヘンテコな和訳になるんです。日本人はそんな発想しないから、おかしな和訳になるんです。

これ、海外のホラー映画見てると納得できるんです。
悪魔が、寿命の切れた（dead）、肉体（body）に、悪い魂（soul）を吹き込めばゾンビ（zombie）になりますよね。寿命の切れた肉体（body）ってどこにありますか？
墓地ですよね。地面の中。だからゾンビって地面の中から出てくるんです。いままで何年間もずっと死んでた（has been dead for years）んだけど、ゾンビとして復活したってことです。

> ついでに言うと、悪魔は悪～い魂のストックをいっぱい持ってるんだと思います。「悪魔に魂を売る（sell one's soul to the devil）」ってコトバがあるくらいですからね。悪魔は魂だけ持ってても何もできないから、その悪い魂を死体（body）に吹き込むんです。

このように、日本人と英米人で宗教が違う➡生死観が違う。
だからそれをコトバにしたものも違うって流れなんです。

さらに、こういった生死観が違うから脳死や臓器移植に対する考え方も大きく違うんです。欧米諸国と比べて、日本は臓器移植にすごく厳しい。欧米の soul と body が切り離されているって考え方が日本にはないからでは？ とボクは思います。欧米人は「body はあくまで body であって、臓器が変わっても soul は何も変わらない」って意識が日本人よりはるかに強いのではないでしょうか？ 代理出産に対しても同じ考えでしょうね。

さらに、キリスト教が迫害されたとき、多くのキリスト教徒が宗教を捨てるより、処刑される（肉体を捨てる）ことを選んだのも、魂が永遠に不滅だという考えによるものだと思います。

きちんと文法を学ぶことは文化を学ぶことであり、思考形式の違いが実感できるとっても大きなチャンスでもあるんです。

まとめ

完了形はムリヤリ日本語に訳さない!!
図でイメージする!!

column

なぜ赤ちゃんは「パパ」「ママ」しかしゃべれないのか？

赤ちゃんは自分の親を「パパ」「ママ」って呼びます。日本でもアメリカでも英語を話さない国でも、です。なぜでしょうか？
さらに、「バーバ」とは言えるのに、「ジージ」とは（しばらくの間）言うことができません。一体なぜでしょうか？

ためしに言ってみてください。おっきな声で「ママァ!!」って。
周りに人はいませんか？　ではもう1回。口の、どの部分を使ってるかを意識してみてください。「ママ!!　パパ〜!!」

わかりました？
唇を使ってますね。上の唇と下の唇が一度くっついて離れるその瞬間に出る音が「マ」「パ」「バ」なんです。
赤ちゃんには歯がありませんね。だから唇だけで出る音しか話せないんです。
「ジージ」って言ってみてください。唇はくっつきませんよね。
「ジ〜…」って言うと、歯の裏側に息が当たってるのがわかりますよね？　だから「ジ」の音は歯がないと出ない音なんです。
待ちに待った初孫、ついにしゃべれるようになったのに「パパ」「ママ」「バーバ」しかしゃべってくれない。おじいちゃんの目を見て何か言おうとしている赤ん坊。ドキドキしながら何を言うのか期待してたら、「マンマ」……。
全国のおじいちゃんはテンション下がりまくりですが、実際は言いたくても言えないんですね。歯がないので、唇だけで出せるマ行、パ行、バ行でしゃべるんです。

こんな些細に見えることでも、納得のいくきちんとした法則が存在するのです。
丸暗記と例外の連続だった英文法も、こうやってきちんと考えるようになると、ホントにスッと頭にしみこむんです。

7. 仮定法ってナニ？

仮定法って実はロマンチック

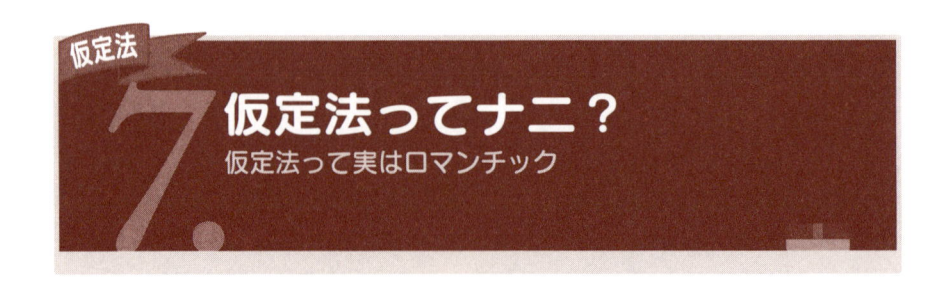

> I wish I could go to the party, too!
>
> 私だって舞踏会に行きたいの！
>
> *Cinderella*
>
> 『シンデレラ』

● **仮定法には「キモチ」がこもる**

次の書き換え、学校でやったのを覚えてますか？

> I wish I were a bird. 「もしボクが鳥だったなら（君のもとへ飛んでいけるのに）」
> = I'm sorry I'm not a bird. 「残念だけど私は鳥じゃない」

"I wish S 過去形" で「いま〜だったらなあ」という**願望**を表します。このセリフ、たとえばロミオが言ったことにして説明してみましょう。ロミオはこのセリフで一体どんなことをアピールしたいのでしょうか？

I wish I were a bird. = I'm sorry I'm not a bird.

問題集では下線部「鳥じゃないんだ」ってところばかり強調するんです。

でも、ちょっとおかしいと思いませんか？
よ〜く考えてみてください。ロミオは一体どんなことを強調したいのでしょうか？

> 星空がキラメク夜、２階の窓に小石がぶつかる音が聞こえます。
> ジュリエットは「もしかして!?」なんて期待に胸をふくらませながら窓を開ける。
> 窓の下に立っているのは、息を切らせながらこっちを見上げてるロミオ。
> ロミオのセリフをドキドキしながら待つジュリエット。
> そこでロミオは言うんです。
>
> Romeo:「オレ……」
> Juliet:「うん……」
> 見つめ合う２人。
>
> Romeo: 「オレ、トリじゃね〜から!!」
> Juliet: 「……」

……ガッカリです。ガッカリですよ。ガッカリでしょ？
鳥じゃないのは見りゃわかります。
ロミオはわざわざそんなことを言いにきたのでしょうか？
ここでもう一度、最初の書き換えに戻りましょう。

> I wish I were a bird.
> = I'm sorry I'm not a bird.

どうやら "I'm not a bird" が強調されているようではなさそうですね。ではどこが強調されているのでしょうか？
そう、実は "I'm sorry" が強調されてるんです。
ロミオは「(君のもとへ行けなくて) 残念だ!!」って言いたいに決まってますよね。
「ボクが鳥だったら君のもとへ行けるのに……残念だ。ホントに残念だ!!」
……って訳したほうが雰囲気出ますよね。

● 仮定法はロマンチック

仮定法のことを専門用語で "the subjunctive mood" と言います。
正確には**叙想法**って言うんです。
想いを叙述する、結構ロマンチックな名前がついているんですね。
ちなみに mood の意味、知ってますか？
実は「気持ち」って意味なんです。

> ぜひ辞書で確認してみてください。「気分」とか「気持ち」が最初にのってるはずです。日本語の「ムード」は atmosphere です。

だから**仮定法**には "mood"「**気持ち**」がこもるんです。
たまには文法用語をきちんと考えてみるのもオモシロイですね。
でもここでひとつ問題がおきました。英文法学者のお偉いセンセイたちはカッコつけて mood を「法」と訳してしまったんです。

私たちが「法」と聞いたら「法律、ルール」を思い浮かべてしまいませ

か？
それで、「やっぱ仮定法は公式覚えれば OK」って思い込んでしまった。

考えてみてください。
自販機の前で１万円札しかありません。いちいち「もしいま10円玉があったなら、１万円札をくずさずにすむのに」なんて公式っぽく言うでしょうか？
実際は「10円玉超欲し～」とか「１万円札くずしたくね～」ですよね。

たしかに、公式は大切です。しかしそれだけでは仮定法のキモチがわからないんです。何よりそれじゃあ、オモシロくないですよね。
仮定法にはキモチがこもる。まずはこれをバッチリおさえてください。

● "I wish ～" に秘められたシンデレラのキモチ

"I wish ～" のパターン
① I wish S 過去形　　　「いま～ならなあ」
② I wish S could 原形　「いま～できればなあ」

仮定法は、**見た目過去形**なら、**訳は現在**、
見た目過去完了なら、**訳は過去**ですから
①の "I wish S 過去形" では「いま～ならなあ」と訳します。
見出しのシンデレラのコトバを見てみましょう。

I wish I could go to the party, too!

②の "I wish S could 原形"「いま～できればなあ」のパターンですね。

I can go to the party. 現実に 行ける

↓ 過去形に変化（＝仮定法になる!!）

I wish I could go to the party. 仮の話で 行けたらなあ

「いま、私もパーティーに行くことができたらなあ（でも現実には行けない）」って意味になります。シンデレラの残念なキモチが伝わってきますよね。

> **まとめ**
>
> ## 仮定法には「キモチ」がこもる!!

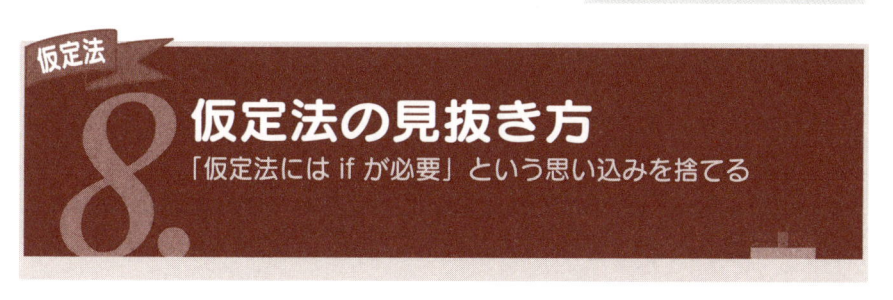

8. 仮定法の見抜き方
「仮定法には if が必要」という思い込みを捨てる

> If I hadn't married Guy, I'm sure
> I wouldn't have grown to appreciate
> the beauty of the countryside.
>
> Madonna
>
> もしガイと結婚してなかったら、
> 田園風景がステキだなんて思うようには
> ならなかったでしょうね。
>
> マドンナ

マドンナのコトバには仮定法が使われています。
仮定法の目印って何だと思いますか？

"if" じゃないんです!!（ボクの予備校の生徒でも最初はみんな "if" と言ってしまいます）
「仮定法＝ if」という考え方はいますぐ捨ててしまいましょう!!

● would / could を見たら仮定法を予想

仮定法の目印は助動詞の過去形なんです!!
これからは助動詞の過去形を見たら、何があってもまずは仮定法を考えてください（実際の英文で could を「できた」とふつうの過去形で訳すことはほとんどありません。「できた」と言いたければ "was able to" を使います。ネイティブは could を見たら仮定法を考えるからです）。

would や could（など助動詞の過去形）を見たら、まずは「仮定法かな？」って考えるクセをつけましょう。

助動詞の過去形＝仮定法っていうことを、身近な例で証明しましょう。
よく「Will を過去形の Would にすれば丁寧になる」って説明されることがあります。

|Will| you go out with me?　　「デートしない？」
　↓ 丁寧に
|Would| you go out with me?　　「よろしければデートしてくれませんか？」

しかし!!
この would は過去形ではなく、実はなんと**仮定法**なのです。
つまり would の中に「もしよろしければ」といった仮定が含まれているぶんだけ丁寧になるんです（いっそのこと would / could は『過去形』ではなく『仮定形』とでも名前がついてれば、私たちの苦労も減ったでしょうにねえ）。

このように仮定法って身近にいっぱいあるんですよ。
「はやく授業終わんないかな〜」とか、「このシャツ、もうちょっと安ければなあ」とか全部仮定法（現実ではない仮の話）ですね。
「仮定法には if が必要」という幻想から抜けると、新しい英語の世界が見えてきますよ。

● 仮定法は「妄想」の目印

ボクがみなさんに質問します。
「もし宇宙人見たらどうします？」

ここで問題です。ボクは宇宙人の存在をどれくらい信じているでしょうか？
① 0％（全然信じてない）　② 50％（半々）　③ 100％（信じきっている）

答えは……、

わかりませんよね？
ボクのしゃべり方、話すときのテンション、はては外見からどういう人かってのを判断材料に予想するしかないですよね？
（たとえば、ボクがダルそうに話せば信じてなさそうって思うし、逆にいっつも UFO の話ばかりして「今日のラッキー UFO は……」が口グセなら、メチャメチャ信じてそうですよね）
そう、私たち日本人はコトバだけでは決してその人の本心がわからないで

す。**空気を読む**という文化なんですね。

ところが英語は違います。つねに異文化と交流してきた歴史の中で、空気読むのは難しいんです。だって文化が違えば空気も違いますもんね。

If you saw an alien, what would you do?

……って言えば、仮定法過去（公式は次のページ）とわかりますので、次のように訳せます。

「（仮の話で絶対にありえないことだけど）宇宙人見たらどうする？」
仮定法を使っているので、この文の話し手は宇宙人をまったく信じてません。
あくまで妄想の中で宇宙人の話をしているんです。
英語の世界では、仮定法で話す、つまり妄想するときは
「私ただいま妄想中で〜す」って明確に示す必要があるんです。
空気を読まず、コトバできちんと伝えなきゃわかんないからです。
そこで妄想のための目印（＝公式）が必要になるんです。

● 公式には「助動詞の過去形」が必要

仮定法のイメージが変わってきましたか？
では公式の説明です。
まずはどの公式にも**助動詞の過去形**があることに注目してください。

> ① 仮定法過去の公式
>
> If S 過去形, S would 原形 → would 以外の助動詞の過去形
> （could / might / should）も OK

if 節の中で**過去形**を使うので、**仮定法過去**という名前がつけられています。
ただし、訳すときは**現在形**です。
見た目過去形、訳は現在と覚えましょう。
主節に**助動詞の過去形**ってのが重要でしたね。

ひとつ例文を見てみましょう。

> Use the talents you possess; for the woods would be silent if no birds sang except the best.
>
> Henry Van Dyke
>
> 自分の才能を使いたまえ。いちばん声が美しい鳥しか鳴かなくなったら、森は静まりかえってしまうんだよ。
>
> ヘンリー・ヴァン・ダイク
>
> 🖊 "for SV" の形は、接続詞の for で『理由』を表します。意味は「というのは～だからだ」です。

まず would を見て何を考えればいいのでしょうか？
助動詞の過去形を見たら仮定法ですよね。

the woods would be silent if no birds sang ~.
　S　　would 原形　　(if　s　　過去形)

バッチリ仮定法過去の公式どおりですね（今回は if ～ が後ろにきてます）。訳は「もしいちばん声が美しい鳥しか鳴かなければ、森が静まりかえる」になります。その和訳のウラには「現実にはいろんな鳴き声の鳥がいるからこそ森はにぎやかなんだ。だから自分の個性を大切に!!」っていうキモチがあるんです。

② 仮定法過去完了の公式
If S had p.p., S would have p.p. → would 以外の助動詞の過去形 (could / might / should) も OK

if 節の中で**過去完了形**つまり had + p.p. を使うので**仮定法過去完了**という名前がつけられています。
ただし、訳すときは**過去形**です。
見た目過去完了、訳は過去と覚えましょう。
ここでも主節に**助動詞の過去形**ってのが重要でしたね。
見出しのマドンナのコトバが仮定法過去完了ですね。

If I hadn't married Guy, {I'm sure} I wouldn't have grown ~
If S　had　　p.p.　　　,　　　　　S　would　have　p.p.

「もしガイと結婚してなければ、田舎の良さがわからなかったでしょう」って訳します。そのウラにある「いまの主人と結婚したからこそ、田舎の良さがしみじみとわかるのよ」ってキモチが伝わりましたか？

まとめ

『助動詞の過去形』を見たら
『仮定法』を予想する!!

9. 仮定法の倒置
仮定法
if は省略することができる

> If Cleopatra's nose
> had been shorter,
> the whole face of the earth
> would have changed.
>
> **Blaise Pascal**
>
> クレオパトラの鼻がもう少し低かったら、
> 世界の歴史は変わっていただろう。
>
> パスカル

さぁ、仮定法を使いこなせるかどうかはここからが勝負です。

● TOEIC、英字新聞によく使われる『倒置』

仮定法の if は省略される

これを肝に銘じてください。
決して「たまには省略も……」ではなく

if は省略されてナンボくらいでちょうどいいと思います。

これ大学入試でもよく出るんですね。だから「倒置なんていかにも受験英語」って批判されちゃうんですけど、TOEIC や英字新聞でもよく使われてます。英字新聞では if が消えたぶんだけスペースが有効に使えますしね。

「でも、if が省略されたら公式って気づかないんじゃない？」って、そんなことありません。思い出しましたか？
仮定法の目印は if ではなくって……。

そう、**助動詞の過去形**でしたよね。
とにかくこれからは、**助動詞の過去形を見たら仮定法**って考えてください。
では次に、if が消えるパターンを説明していきます。

仮定法の if は省略できる。省略したその目印として倒置がおきる

では確認していきましょう。**if の省略 → 倒置がおきる**が合言葉です。

① **仮定法過去の倒置**

~~If~~ I were a bird, I would ~.
↓
Were I a bird, I would ~.

② **仮定法過去完了の倒置**

~~If~~ I had p.p., I would have p.p. ~.
↓
Had I p.p., I would have p.p. ~.

●『倒置』のルールを徹底的に身につけるには？

この倒置のルール、口に出して徹底的に練習してみてください。
英文を読んでいるときのスピードで言えないと倒置に気がつかないものなんです。目を閉じて、**仮定法過去完了形の倒置**を急いで言ってみてください。ホントに目を閉じて言ってみてください。

噛みませんでしたか？
なかなかスラスラ言えないものなんです。

Had I p.p., I would have p.p.〜.

どうですか？
噛んじゃったら、もう１回チャレンジしてくださいね。
こうやって何度も練習していると、英文を読んでいるとき、TOEIC 本番のとき、必ず倒置って気づくもんなんです（倒置になっても意味は変わらないです）。

見出しのパスカル（1623〜1662）の有名なコトバを見てください。
公式どおり仮定法過去完了の文ですね。

If Cleopatra's nose had been shorter, the whole face of the earth would have changed.

この文を倒置にしてみてください。

Had Cleopatra's nose been shorter, the whole face of the earth would have changed.

まとめ
仮定法の if は省略できる。
省略した目印として倒置がおきる!!

補足 なぜ仮定法では"I were"という形になるの？

「現代英語では were の代わりに was がよく使われる」って聞いたことありませんか？ 予備校で聞いてみると、ほとんどの人が学校で習ってるそうです。

If I were 〜. ➡ If I was 〜.

たしかにこれは事実なんですが、学校や予備校で was を強調することには大反対です。そもそもなぜ"I were"というキモチ悪い形になるのか？
I なのに were はキモチ悪いですよね。すっごくキモチ悪い。

キモチ悪い➡ふつうと違う➡現実にはない形をしてる➡妄想の世界でしゃべってる➡仮定法!!!!

キモチ悪いから、仮定法ってわかるんです。本来の were をオススメします。
たとえば、マジメに日本語を勉強してる外国人に、いくらみんなが使うからって、「ぶっちゃけ」とか「〜じゃね？」って言葉をススメたりしませんよね。
「最近はみんな言うから」ってだけで判断するのは、かなりキケンなんです。
それに、were を was にしちゃいけないときだってあるんです。
たとえば、If I were you を If I was you にはできますが、その倒置
×) "Was I you"はまちがいなんです（was で代用できるのはあくまで口語だけです。倒置は文語表現です）。しかも was を使うと「教養がない」とまで思われることだってあるんです。ボクは were をおススメします。

助動詞

10. will の本当の意味
will は「〜でしょう」じゃない

Act, and God will act.

Joan of Arc

行動しなさい。
そうすれば神も味方してくれるはずです。

ジャンヌ・ダルク

ジャンヌ・ダルク（1412〜1431）のコトバの中に will がありますね。will は「〜でしょう」なんて弱々しく訳されちゃうことが多いのですが、ジャンヌ・ダルクのコトバにはもっとパワーがあるはず。どうやら will ってかなり強いニュアンスをもった単語のようですね。

● will を「〜でしょう」と訳すと……

結婚式で神父さんが問いかける場面です。
神父：　"Will you take Takeshi to be your husband?"
　　　「あなたはタケシを夫とすることを誓いますか」

花嫁：　"I will."　　「はい、誓います」

花嫁が言った "will" に注目してください。will を「～でしょう」って訳してしまうと、結婚式は大変なことになってしまいますよね。
花嫁が「**たぶん誓うでしょう**」なんて言ったら新郎も大ショックです。

● will はすごくパワフル

実は、will の意味は「**100％、必ず～する**」っていう非常にパワフルな意味なんです。これだけ覚えてください。will にはたくさん意味がありますが、これだけで十分です。will が強いって、意外な感じがしませんか？
でも will って**パワフルな単語**なんです。
次のことわざ、聞いたことありませんか？

Where there's a will, there's a way.

               proverb

意志があれば、道は見つかる（精神一到何事か成らざらん）

               ことわざ

 🖋 また、下線部で頭韻になっています。there's a will, there's a way.（頭韻については106ページ参照）

この will は名詞で「意志」って意味です。
ぜひ辞書で**名詞**の will をチェックしてみてください。

---

 will　【名詞】　①意志　　②決意　　③命令　　④遺言

どれもすごく強い意志を感じませんか？
「こうするんだ!!」とか「こうしてほしい!!」といった強さがありますよね。

当然、助動詞 will にもこの強さがあるんです。
ですから will は「100%、必ず〜する」って意味になるんですよ。

● will は「必ず〜する」だけですべて解決!!

参考書には『習慣・習性……』っていろんな意味がのってますよね。

```
【will の意味】（一般参考書の分類）
 1．『意志』        「〜するつもり」
 2．『推量』        「〜するでしょう」
 3．『習慣・習性』    「〜する習慣・習性がある」
 4．（否定文で）『拒絶』「絶対に〜しない」
```

これを「100%、必ず〜する」って知識だけで片付けていきましょう。
無理して「この will はどの意味かな？」って考えなくても大丈夫ですよ。

1.『意志』「〜するつもり」
これはカンタンですよね。「必ず〜する」って強い意志です。

I'll call her tonight. 「今夜は必ず彼女に電話する」

2.『推量』「〜するでしょう」

これも中学校でやったと思いますが、実は100%の自信があるときに使うんです。自分のキモチですから、根拠がなくても使えます。

The paint will be dry in half an hour.

「30分もすれば必ずペンキは乾きます」

3.『習慣・習性』「〜する習慣・習性がある」

will は未来形なんて習ってたのに、いきなり習慣ってとまどうかもしれません。でも、これも「必ず〜する」で訳してみてください。

The successful man will profit from his mistakes and try again in a different way.

Dale Carnegie

成功をつかむ人というのは、失敗から学び、再び立ち向かうのである。

デール・カーネギー

直訳は「必ず失敗から利益を得て、必ず挑戦する」です。
成功する人にはそういう習慣があるってことですね。

4.（否定文で）『拒絶』「絶対に〜しない」

否定文 won't は「必ず〜しない」→「ゼッタイ〜しない」でOKです。

The baby won't eat anything. 「その赤ん坊は決して何も食べようとしない」

見出しのジャンヌ・ダルクの will も「必ず〜する」で考えてみましょう。

Act, and God will act.
「行動しなさい。そうすれば必ず神も動き出してくれるはず」

このように、あえて will の意味を分類しないほうがキレイに訳せるんですよ。

まとめ
will を見たら「必ず〜する」って訳す!!

補足 なぜwill =「〜でしょう」って訳してしまうのか？

なぜ多くの人が will は力強いってイメージをもてずに、「〜でしょう」って弱々しい訳し方にとらわれてしまうのでしょうか。本来、will は力強い断定ですから、ネイティブも使う場面を選びます。「あんまり強く言い過ぎちゃマズいなあ」ってときは、I think をつけて断定を弱めるんですね。

I think I will meet some of my friends at the party this evening.
「今夜のパーティーで友達に会うでしょう」

多くの日本人がこういう文を見て、will は「〜でしょう」って思い込むんです。逆に言えば、それだけ will は力強いって証拠にもなりますね。
will は「100%、必ず〜する」って訳しましょう!!

11. 助動詞と代用表現
must と have to をどう使い分けるか？

> You will never find time
> for anything. If you want time
> you must make it.
>
> **Charles Buxton**
>
> 時間が見つかるなんてことは決してない。
> 時間が欲しいなら
> 自分でつくり出さなければいけない。
>
> チャールズ・バクストン

テレビで must と have to の違いをやってました。

タバコ嫌いな彼女に嫌われたくないときは、"I must stop smoking."
一方、医者にタバコを止められたら、"I have to stop smoking."

彼女が医者だったらどうするんでしょう!?

● must も have to も「プレッシャー」

must も have to も訳し方は同じです。まずそれを確認してから、must と have to の違い（使われる状況が違うんです）をお話ししていきます。

must と have to の意味は、グイグイとせまってくるプレッシャーです。

【must の意味】

①義務「〜しなければならない」

　I must go at once.　「すぐに行かなければいけない」

②推定「〜に違いない」　🖋「そう考えざるをえない」っていうプレッシャーです。

　She must be sick.　「彼女は病気に違いない」

【have to の意味】（must と同じ意味がある）

①義務「〜しなければならない」

　I have to go to work now.　「もう仕事に行かなければいけない」

②推定「〜に違いない」

　This has to be a mistake.　「これはきっとミスだ」

　🖋この推定の意味はあまり知られてませんが、辞書にもちゃんとのっている用法です。

見出しのバクストン（1823〜1871）のコトバには must がありますね。

If you want time you must make it.

基本どおり、"must" は「時間をつくり出さなければならない」で十分意味がとれますね。

● must と have to の違い

must のような純粋な助動詞を専門用語で**法助動詞**といいます。

法助動詞には、**must / will / would** などがあります。
法助動詞の**法**って、英語でなんていうか覚えてますか？
仮定法の**法**ですよね（46ページ参照）。
仮定法には気持ちがこもる。**気持ち**ってなんていうんでしたっけ？

mood ですよね。mood の訳は「気持ち」でしたね。
ですから**法助動詞にも『気持ち』**がこもるんです。
ふつうの助動詞（法助動詞）は気持ちを表すから**主観的**な表現なんです。

法助動詞に対して、have to のように助動詞の**代用表現**もありますよね
（学校で "must = have to" って書き換えで習ったものです）。
代用表現には、**have to / be going to / used to** などがあります。

法助動詞は主観的ですが、**代用表現のほうは客観的**なんです。
代用表現をよ〜く見てください。
have とか go とか use といった、もともとはふつうの動詞なんです。
ふつうの動詞は客観的な事実を示します。たとえば I used the pen. と言

ったら、「そのペンを使った」という事実を客観的に表しますね。
決して「私がペンを使いたい」、もしくは「使いたくないけど使った」っていう、そのときの**気持ち**はこの文からはわかりませんよね。「使った」という事実だけが伝わります。
だからふつうの動詞は**気持ち**を含まないんです。

代用表現はこの性質を残しているので、**気持ちを含まない客観的な表現**になるんです。

must は**法助動詞 → 主観的な義務**
have to は**代用表現 → 客観的な義務**です。
ですから主観的な、自分の決心を表すような理由には must を使い、
客観的な、外部から強制されるような理由には have to を使えばいいのです。

タバコが大嫌いな彼女にフラれたくないから、「オレ、タバコやめなきゃなあ……」っていう個人的な決心は**主観的な気持ち**ですよね。自分が自分に命令を下しているんです。
ですから I must stop smoking. です。

一方、医者からまっ黒になった肺のレントゲンを見せられて、禁煙するよう言われたら、客観的な証拠（レントゲン）がある、外部からの強制ですよね。
この場合は I have to stop smoking. なんです。

● will と be going to の違い

will と be going to の違いも同じように考えれば OK です。

	主観	客観
〜しなければならない	must	have to
これから〜する	will	be going to
よく〜した	would	used to

will は**法助動詞なので主観的**です。
主観的なので、**単なる予測やパッと思ったこと**を表します（あらかじめ予定していたことには使いません）。

（電話が鳴って）"I'll answer it."　「ボクが電話出るよ」

電話に出ることは、電話が鳴った時点でパッと思ったことですよね。こういうときに will を使うんです。決して「最初から、電話が鳴ることや電話に出るってのがあらかじめ決まっていた」わけじゃないですよね。

一方、「雨雲があって今日の風の強さでは、あと1時間もすればきっと……」ってときは、will と be going to、どっちでしょうか？
雨雲、風という客観的事実があります。
そこで be going to の登場です。be going to は**代用表現なので客観的**です。**現在の兆候に基づいた予想**や、**もう予定として決まっていること**に使います。
たとえば、雨雲を見てこう言います。

We're going to have a shower soon.　「ひと雨くるぞ」

be going to はよ〜く見ると進行形の形をしていますよね。**to 〜の状況に向かって進行している**って意味で、もうすでに進行しているんです。
何か客観的な根拠が目の前にあって、それが進行しているために、順調に進めば当然「これから〜する」ってときに使うんですね。

次に would と used to の違いも考えてみましょう。
両方とも「むかしはよく～した」という習慣の意味があります。
さらに「used to は過去と現在の対比ができる。would にこの用法はない」って参考書には書いてあります。この参考書の説明を『主観・客観』で解決していきましょう。

would は**法助動詞なので主観的**です。
　「むかしはよく～したなあ」なんてむかしを回想する気持ちが強いんです。

We would often have coffee together after the lecture.
「授業の後にさあ、よく２人でコーヒー飲んだよね（しみじみ……）」

used to は**代用表現ですから客観的**です。
客観的だから**過去と現在を客観的に対比することが可能**なんですね。

I used to drink coffee, but I don't like it any more.
「むかしはよくコーヒーを飲んだけど、いまはもう好きじゃない（キッパリ）」

まとめ

① must は『プレッシャー』、have to も訳は同じ!!

② ふつうの助動詞（must / will / would）は『主観的→気持ち』を表す!!

③ 代用表現（have to / be going to / used to）は『客観的』な表現!!

mayを使った熟語
丸暗記なしで理解する

> Things may come to those who wait,
> but only the things
> left by those who hustle.
>
> **Abraham Lincoln**
>
> 待っているだけの人のところにも
> いろんなものが舞い込んでくるかもしれない。
> だが、得られるものというのは所詮、
> 自発的に行動する人が残したおこぼれだけなのである。
>
> リンカーン

● mayの意味は50％

mayの意味はズバリ50％です!!

学校では2つの意味を習いましたね。
どちらも50％の意味が含まれていますよ。

① 許可「〜してもよい」
　「〜してもいいし、しなくてもいい」っていう、**オススメ度50%**です。

② 推量「〜かもしれない」
　「〜かもしれないし、そうじゃないかも」っていう、**予想率50%**です。

見出しのリンカーン（1809〜1865）のコトバに may があります。
あえて50%の may を強調して訳してみますね。

Things may come to those who wait, but only the things left by those who hustle.

「待っているだけの人のもとにも、いろいろなものがやってくるかもしれないし、やってこないかもしれない。それは半々でわからないし、どっちでもいい。結局やってくるとしても、自分から行動する人が残したものだけだ」

もちろん、ここまでオーバーに訳さなくてもよいのですが、この may の感覚がわかるとリンカーンのコトバもよりわかりやすくなりますよね。

● **熟語も「may の確率50%」で解決!!**

may の50%って感覚がわかると、まぎらわしい熟語もスッキリ理解できるんです。

may を使った熟語【助動詞】

> ① **may well ~**　(a)「~するのも当然だ」
> 　　　　　　　　(b)「きっと~だろう」
> ② **may as well ~ / might as well ~**　「~してもいいだろう」
> ③ **may as well ~ as ... / might as well ~ as ...**
> 　「...するのは~するのと同じだ」「...するくらいなら~したほうがましだ」

まずは may well から。

> ① **may well ~**　(a)「~するのも当然だ」
> 　　　　　　　　(b)「きっと~だろう」

may well の may が、副詞 well「すごく」で強調されているだけです。
だから **may well** は「**すげー may**」って意味になるんです。

　　強調の well の例：I know her well.「彼女をすげーよく知っている」

訳すときは may の訳に、well「すごく」をくっつけるだけです。
may には2つの意味があるんですから、may well にも訳し方が2つあるはずですよね。

$$\text{may} \quad + \quad \text{well}$$
|許可「〜してもよい」| + |強調「すごく」| =「すっごく〜してよろしい」
→「〜するのももっともだ・当然だ・無理はない」

You <u>may well</u> get angry with him.　「君が彼に腹を立てるのも<u>無理もない</u>」

$$\text{may} \quad + \quad \text{well}$$
|推量「〜かもしれない」| + |well「すごく」| =「すっごく〜するかも」
→「きっと〜だろう」

It <u>may well</u> snow tonight.　「今夜は<u>きっと</u>雪だろう」

may って確率で言ったら50%でしたよね。
may だけだと50%でどっちつかずな感じですが、**well** でパワーアップしてるんです。

> 📍 試験では、(a) の「〜するのももっともだ」ばかり出されたと思いますが、当然2つ意味があります。
> もっと言えば、実際の会話では (b) の「きっと〜だろう」のほうが多く使われるんですよ。

---
② **may as well 〜 / might as well 〜**　「〜してもいいだろう」

さっきの "may well" に as が加わりましたね。

may を使った熟語【助動詞】

このasに注目してください。

You <u>may as well</u> go ho<u>me</u>.　「家に帰ってもいいだろう」

asとペアになる相方って何ですか？
asの相方はasですよね。
"as ～ as"の形になるはずなんです。ですからもとの文から考えてみましょう。

You <u>may as well</u> go home {<u>as</u> not go home}.

実は"as not ～"が省略されていたんですね。では直訳してみてください。
as ～ as ... は「…と同じくらい～だ」って意味ですよね。

You may as well go home as not go home.
　　　　　　　　　帰る　＝　帰らない

直訳すると「 帰らない のと同じくらい（as）、 帰る のは、十分（well）によろしい（may）」です。つまり「**帰らなくても、帰っても同じだよ**」って意味なんです。

……で、ここで"as not ～"が省略されちゃったんです。

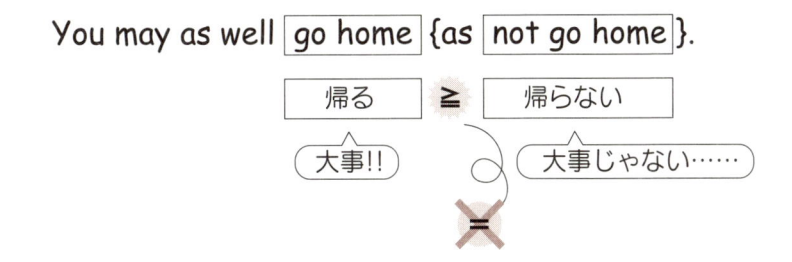

You may as well go home {as not go home}.
　　　　　　　　　帰る　≧　帰らない
　　　　　　　　　大事!!　　大事じゃない……

"as not 〜 " が省略されることで、消えてしまった not go home は軽視されてしまい、残った go home が重視されます。
ここで本当なら "as 〜 as" は「同じ」という「イコール」で訳すはずだったんですが、**イコール（＝）が、不等号（≧）に変わった**んです。もちろん、もとのイコールの性質も残してますから、そのへんを意識して訳してみましょう。

「 帰らない のと同じくらい（as）、 帰る のもいいんだけど、まあ（not go home も省略されちゃったから）、**帰ってもいいんじゃないかな**」

このように、「結局どっちでも同じだけど」ってニュアンスがあるので、なげやりな感じになるんです。

---

③ may as well 〜 as ... / might as well 〜 as ...
　　「…するのは〜するのと同じだ」「…するくらいなら〜したほうがましだ」

今度は最初から "as 〜 as" がありますね。

You might as well throw your money into the sea as lend it to him.

"as 〜 as ..." は「…と同じくらい〜だ」って訳してみましょう。

　　You might as well | throw your money 〜 | as | lend it to him |.
　　　　　　　　　　 | 海にお金捨てる | ＝ | 彼にお金貸す |

「 彼にお金貸す のと、 海にお金捨てる のは同じくらい（as）、十分（well）によろしい（may）」

つまり「彼にお金を貸しても、海に投げ捨てるのも一緒、同じようなものだよ」って訳せば OK です。
場合によっては、さっきの② may as well の不等号につられて、以下の訳し方でも OK です。

「彼に金を貸してやるくらいなら海に捨てたほうがましだよ」

それに、この「海に捨てたほうがまし」って言われて、「よっしゃ、待ってました!!」と言わんばかりにわざわざ電車乗り継いで海まで行ってお金捨ててくる人なんていませんよね。そんなの現実にありえない。はい、「現実にありえない」ことを言うときはどんな文法を使うんでしたか？

仮定法ですよね。仮定法の目印は？
助動詞の過去形でしたね（50ページ参照）。だから may を might にしてるんです。

まとめ

① may は50%!!
② may を使った熟語はとにかく直訳。使う知識は、may「50%」、well「すごく」、as ～as「同じ」ってことだけ!!

不定詞

13. 不定詞は「未来」を表す
なぜ want の後ろに to がくるのか？

> If you want to test a man's character,
> give him power.
>
> Abraham Lincoln
>
> 権力を手にしたとき、その人の品性が表れる。
>
> リンカーン

リンカーンのコトバに "want to" があります。
「want は後ろに to 不定詞がくる」と言われますが、それはなぜでしょうか？

● to は「矢印（➡）」で考える

実は不定詞 to と前置詞 to は語源が同じなんです。
おそらくこの両者は、まったく別物って習ったと思います。
しかし、両方とも「to は矢印」って考えれば OK なんです。

不定詞は「未来」を表す【不定詞】

I go to school. 「私は学校へ行きます」
I go → school. 「私は行く」→「学校」

では不定詞 to の場合も矢印に変えてみましょう。

I want to swim in the sea. 「海で泳ぎたい」
I want → swim in the sea. 「私は望む」→「海で泳ぐ」

want「したい!!」っていう**気持ちが向かう方向**に見えてきませんか？
そこから to 不定詞に未来の意味が生まれました。
このように前置詞 to と不定詞 to は語源が同じなんです!!
両方とも矢印で考えてくださいね。

● **to 不定詞は「前向き・未来志向」**

動名詞（-ing）と不定詞（to ~）は両方とも「~すること」って訳せるので、同じものだって思ってる人も多いのですが、実際は全然違うんです。
動名詞と不定詞は次の図のように対照的な関係なんです。

動名詞と不定詞の区別

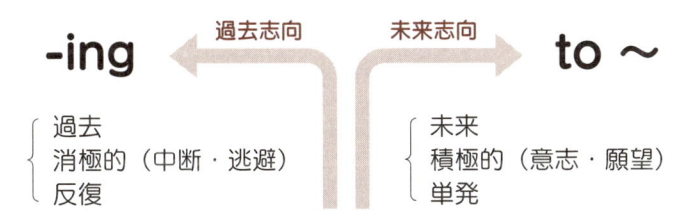

-ing ← 過去志向　未来志向 → to ~

{ 過去
  消極的（中断・逃避）
  反復

{ 未来
  積極的（意志・願望）
  単発

to 不定詞のイメージは、ズバリ前向き・未来志向です。
未来志向なので、to には「これから〜する」という意味が含まれるんです。
たとえば "to swim" なら「これから泳ぐ」って感じです。

I want to swim in the sea. 「これから泳ぐことを望んでます」→「泳ぎたい」

want は「これから〜するのを望む」っていう意味です。このように「これから」ってニュアンスが含まれる動詞は、後ろに to 不定詞がくるんです。

● "V to 〜" は「これから〜する」

plan to 〜	「これから〜する計画だ」
try to 〜	「これから〜しようとする」
attempt to 〜	「これから〜しようとする」
agree to 〜	「これから〜することに賛成する」

→詳しくは239ページ参照

to は未来志向なので、want / plan / try などポジティブな響きの動詞が圧倒的に多いんです。ちなみにこのルールを逆手に取ると "V to 〜" という形を見たら「これから〜する」って訳せば意味がわかることが多いんです（たとえば "attempt to 〜"「〜しようとする」）。このワザ、便利ですよ。

まとめ

前向きな動詞は to 不定詞をとる!!

14. "be to 構文" の考え方
"be to 〜" は「〜することになっている」と訳す

> They hit upon a plan.
> The Ass was to take up his position
> with his fore-feet on the window-sill,
> the Hound was to jump on his back,
> the Cat to climb up on to the Hound.
>
> BREMEN TOWN MUSICIANS
>
> 動物たちはある計画を思いついた。
> ロバが窓枠に足をのせていちばん下になり
> その背中に犬が飛びのって
> いちばん上には猫がのっかるという計画である。
>
> 『ブレーメンの音楽隊』

『ブレーメンの音楽隊』の英文に be to 〜 がたくさん使われています。参考書には「"be to 〜" には5つ意味がある」って書いてあります。ボクも高校のとき『予定・意図・義務・可能・運命』って覚えました。でも、暗記するよりも、もっとカンタンで役立つことをお話しします。

● "be to ～" は「～することになっている」って意味

ズバリ!! "be to ～" は「～することになっている」という意味だけ覚えればOKなんです。なぜこんなにシンプルなルールでOKなのか？
前回、不定詞のイメージは未来って理解しました。
これを使うと、"be to ～" は「これから～する (to) という状態である (be)」って意味になりますよね（beとtoを直訳しただけです）。

> ちなみに have to ～は「これから～する (to) ことを持っている (have)」→「～しなきゃいけない」です。

……だったら "be to ～" は「これから～することになっている」って訳せばOKですよね。
参考書では「この用法は、予定か？ 運命か？」などと分類されています。でもネイティブの頭の中ではそんなはっきりと意味を切り離さないんです。むしろ、切り離しちゃいけないんです（どれも "be to" って同じ形してるわけですからね）。

【"be to ～" の判別】（一般参考書の記述）
1. 予定　「～する予定」
2. 意図　「～するつもり」
3. 義務　「～しなくてはいけない」
4. 可能　「～できる」
5. 運命　「～する運命だ」

→詳しくは240ページ参照

They are to be married.　「あの2人は結婚することになっている」

この文は「結婚する予定」って訳されることが多いのですが、その裏に「結婚する意図」や「結婚する運命」が隠れている雰囲気が伝わってきません

か？ ちょっとロマンチック＆ドラマチックですよね。もちろん「結婚する義務」ってのもアリですが、悲しい話になっちゃうかもしれませんね。

● 英字新聞に使われる "be to 構文"

この "be to 構文" 実は英字新聞でも使われるんですよ。
たとえばこんな見出し。

President to visit Japan

英字新聞の見出しでは、the や be 動詞は省略されるんです。
ですから正確には以下のようになります。

{The} President {is} to visit Japan.

この "is to" を「訪問することになっている」と訳せばいいのです。
見出しっぽくするなら「大統領、日本を訪問の**予定**」って訳せますね。

見出しの『ブレーメンの音楽隊』からの英文にも、"be to" がありますね。

They hit upon a plan. The Ass was to take up his position with his fore-feet on the window-sill, the Hound was to jump on his back, the Cat {was} to climb up on to the Hound.

「動物たちはある計画を思いついた。ロバが窓枠に足をのせて足場を固め、その背中に犬が飛びのり、その上に猫がはい上がるということになっていた（計画だった）」

最初に"a plan"があるので、この"be to"は**予定**です。
でも、細かい判別にこだわらず「～することになっている」って訳せば十分意味が伝わりますよね。

> **まとめ**
> "be to ～"は「～することになっている」と訳す!!

15. 動名詞をとる動詞（その１）
『反復』のイメージがある動詞は後ろに -ing

> I look forward to being older,
> when what you look like becomes
> less and less an issue
> and what you are is the point.
>
> **Susan Sarandon**
>
> これからも年を重ねていくのが楽しみなの。
> だって、ルックスよりも中身が
> ますます大切になってくるじゃない。
>
> スーザン・サランドン

アメリカの女優、スーザン・サランドンのコトバには "look forward to -ing" が使われていますね。なんで "look forward to" の後には -ing がくるのでしょうか？

● 動名詞は「後ろ向き・過去志向」

どちらの英文が自然でしょうか？
「趣味は切手集めです」

① My hobby is to collect stamps.
② My hobby is collecting stamps.

①も②も同じ意味って習ったかもしれませんが、実は違うんです。
前回は to 不定詞は未来志向っていう内容でした。今回は動名詞についてお話しします。

動名詞のイメージは反復・中断・逃避なんです。この反復・中断・逃避のニュアンスをどれか１つでも持つ動詞は、後ろに -ing をとります。不定詞のイメージは前向き・未来志向でした。動名詞はその反対、つまり**後ろ向き・過去志向**、すご〜く暗いんです。（79ページの図を参照）

『反復』では明るい単語も少しありますが、『中断・逃避』なんて文字どおり暗〜いですよね。ですからネクラな動詞は、後ろに動名詞をとることが多いって頭に入れてください。

動名詞をとる動詞（その１）【動名詞】

📝 動名詞をとる動詞をゴロあわせとかで暗記したことがある人もたくさんいると思います。でも、この『反復・中断・逃避』をマスターするだけで、暗記の苦労が格段に減りますよ。

ひとつずつ詳しく見ていきましょう。まずは**反復**から。

● 『反復』のイメージがある動詞

『**反復**』つまり**繰り返す**とか**グルグルの図をイメージさせる動詞**は、後ろに -ing がくるのです。

practice 「練習する」

practice は後ろに -ing をとります。
練習って何度も何度も繰り返すものですよね。
だから "practice -ing" の形になるんです。

be used to -ing 「～することに慣れる」

これ、「to の後に -ing くるから気をつけろ」ってよく言われます。
「慣れる」って何度も繰り返して慣れていくんですよね。
ホラ、これも**反復**で考えれば OK です。

次は少しだけ応用です。さっきのグルグルの図を頭に焼きつけてくださいね。

---
mind　「気にする」

　イヤなことがあって、1日中頭の中でグルグル、グルグル、グ〜ルグル……、頭の中でず〜っと反復です。だから"mind -ing"、あまりしつこくやってるとイヤな気持ちになってしまうので、さっさと次へ。

imagine　「想像する」

　今度は頭の中でいろんな想像をしてください。
　あれやこれや想像、想像、妄想……
　グルグルの図になりませんか？

マンガでも回想シーンのときは、このグルグルの絵ですよね？
「ホワン、ホワン、ホワン、ワ〜ン」みたいな変な音と一緒に……。

---
look forward to -ing　「〜するのを楽しみに待つ」

　これも暗記するのではなく、よ〜く考えてみましょう。

　たとえば「今度の日曜、ディズニーランドに連れてってあげる」なんて言われたら、女の子なんかテンション上がっちゃいますよね。

> もう想像の世界では頭にミッキーの耳つけてクランチの缶抱えて絶好調。
> 「あれ見て、これ乗ってえ〜、それ買ってえ〜、それから、それから……」ってディズニーランド行くのを「楽しみに待つ」状態ですね。気づきましたか？
>
> "look forward to -ing" って、いまやった "imagine -ing" の楽しいバージョン、つまり「楽しいことを想像する」って意味なんですよね。
> だから imagine と同じく、後ろに -ing をとるのです。

見出しのスーザン・サランドンのコトバを考えてみましょう。

I look forward to being older. 「どんどん年を重ねていくのが楽しみ」

頭の中でステキな年のとり方をしていく自分を**楽しく想像**しているんです。

では、最初のクイズに戻りましょう。

> ① **My hobby is to collect stamps.**
> ② **My hobby is collecting stamps.**

hobby（趣味）というのは、いままでに何回も何回も繰り返して反復してきたものですね。『反復』のニュアンスなので動名詞（-ing）を使うんです。ですから正解は②です（まちがっても「これから」っていう未来志向の to 不定詞ではないんです）。

● **ことわざに動名詞が多い理由(わけ)**

ちなみに、この動名詞のイメージ**反復**を理解すると、ことわざの中に動名詞がよく使われる理由もわかると思います。

Seeing is believing.

百聞は一見に如(し)かず

proverb

ことわざ

ことわざってむかしもいまも、そして未来にも成り立つ智の結晶ですよね。
ホラ、むかしから何度も反復して使われているんです。
グルグルのイメージとピッタリですよね。
この"Seeing is believing."なんて1609年の文献に登場しています。
はるかむかしから、いまも、そしておそらくこれからも使われていくんでしょうね。
直訳すれば「見ることは信じること」→「百聞は一見に如かず」って意味になります。
これで動名詞のイメージの1つ**反復**が終わりました。
次はいよいよメインの**中断・逃避**です。

まとめ

『反復・グルグル』する動詞は -ing をとる!!

子供はこうしてコトバを覚えていく

ボクが大学生のときのことです。
コンビニで20代の若いママが3歳くらいの男の子をつれていました。その男の子はフラっとボクの足元へきて、ボクのジーンズをつかみながら言いました。

「パ〜パ」

店内は凍りつきます。ボクもビックリ。ボクのことをまったく知らない親子です。
その若いお母さんも一瞬固まってから「パパじゃないでしょ‼」ってその子の頭をパシッ。

ボクも「おっ、おっ、お〜。パパじゃないよな。うん、パパじゃない。きっとパパじゃない」
アセリました……。
今だったら「初めてパパって呼んでくれたね」ってコントのひとつもできるかもしれませんが、当時はシドロモドロ……。

その出来事の数カ月後、大学で「幼児の言語習得論」に関して課題が出ました。
そのため大学の図書館で専門書をあさってたところ、突然この出来事のカラクリが頭にひらめきました。説明いたしましょう。

幼い子供にとって、この世界はほんのいくつかのモノにしか分けられないのです。

column

まずは、絶対的存在である「ママ」、夜になると帰ってくるタバコくさい「パパ」、それと「マンマ」などほんのいくつかに分類されるのです。

ある日、その男の子はコンビニで、ボクを見かけました。
さあ、この男の子の世界観で、『ボク』という存在はどこに分類されるでしょうか？

「ママ」じゃない、「マンマ」じゃないですよね。そう、「パパ」しかないんです。
つまりその男の子は「パパ」＝「背が大きくて、ママよりずっとモサっとした存在」って定義してるんです。
まちがっても「この男はママを傷つけた悪いヤローだ。ママのカタキはボクがとる。みんなの前で暴露してやるぞ、せ～のっ……パパァ～!!」って言ったわけじゃないのです。

column

ここで、その男の子は「パパ」と「おじさん」の違いを知るのです。
いつもママのそばにいる人が「パパ」で、それ以外の人を「おじさん」って言うんだと。そこでボクにむかって言うわけです。
「おじさ〜ん」
今度はボクがその子の頭をパシッ。
「お兄さん」だろ。
さらにその子は「おじさん」と「お兄さん」の違いを知って……。

このように子供は語彙を増やしていくんです。

実は私たちはこうやって苦労しながら日本語を身につけてきたんですね。

ちなみに以前、プロ野球選手のお宅訪問ってテレビでやってました。その中で、幼い女の子がバットを見て「パパ」って言ってました。テレビの中でお母さんは苦笑いでしたが、これもその子供から見たら、バットは「ママ」じゃない。「マンマ」じゃない。ってことで「パパ」って呼んでるんですね。バットのことを本気で自分の父親だと思ってるわけないですよね。

16. 動名詞をとる動詞（その２）
『中断』のイメージがある動詞は後ろに -ing

> Take time to deliberate,
> but when the time for action has arrived,
> stop thinking and go in.
>
> **Napoléon Bonaparte**
>
> 十分に時間をかけて考え抜くのだ。
> だが、機が熟したのなら
> 考えるのをやめて、行動に移せ。
>
> ナポレオン

ナポレオン（1769〜1821）のコトバに "stop -ing" があります。stop は**中断**のイメージなので、後ろに動名詞（-ing）がきます。

● 『中断』のイメージがある動詞

反復の次は、中断です。

動名詞をとる動詞（その2）【動名詞】

> **give up**　「あきらめる」
> 　『中断』のイメージ、そのまんまですよね。
> 　"give up -ing" の形になります。
>
> **stop**　「やめる」／ **quit**　「やめる」／ **discontinue**　「やめる」
> 　これも『中断』のイメージですね。
> 　"stop -ing"、"quit -ing"
> 　さらに、discontinue も "discontinue -ing" です。
> 　（discontinue = dis「反対」+ continue「続ける」って考えれば「やめる」って意味が覚えやすくなります）

他にも次のようなコトバがあります。stop -ing が2つあります。

> You don't stop laughing because you grow old.
> You grow old because you stop laughing.
> 　　　　　　　　　　　　　　　　Michael Pritchard
>
> 年をとったから笑わなくなるんじゃない。
> 笑わなくなるからこそ老け込むのだ。
> 　　　　　　　　　　　　　　　マイケル・プリチャード

● ネクラな動詞は後ろに -ing

中断はこれだけです。カンタンですね。
覚えてますか？　動名詞の性格。

後ろ向きで暗〜い性格でしたね。
前回の反復のときは暗い動詞なんて mind だけでした。

でも、今回の**中断**でなんとなく挫折感が出てきましたね。
そして次回はついに**逃避**です。逃げ出しちゃいます。

ネクラな動詞は -ing をとるって考えると覚えやすくなりますよ。

> **まとめ**
>
> ## 『中断』のニュアンスがある動詞は -ing をとる!!

17. 動名詞をとる動詞（その3）
『逃避』のイメージがある動詞は後ろに -ing

> I guess we resist changing,
> because we're afraid of change.
>
> *Who Moved My Cheese?* Spencer Johnson
>
> きっとボクたちって
> 自分が変わっていくことに抵抗するんだよ。
> だって変わるのって怖いもん。
>
> 『チーズはどこへ消えた？』スペンサー・ジョンソン

『チーズはどこへ消えた？』の英文に **resist -ing** があります。
resist「抵抗する」のようにマイナスの響きがある動詞は動名詞をとります。

●『逃避』のイメージがある動詞

逃避のイメージがある動詞は -ing をとるんです。

> **miss**　「逃す」
> 　まずは『逃避』の逃、miss「逃す」です。そのまんまですね。
> 　"miss -ing" の形になります。
>
> **avoid**　「避ける」 / **escape**　「避ける」
> 　次は『逃避』の避です。
> 　avoid -ing / escape -ing の形になります。

ちなみに help にも「避ける」って意味があるんです（必ず cannot help の形で使われます）。

会話で使われる I can't help it.「しょうがないじゃん」って逆ギレするセリフも、直訳「それを避ける（help）ことができない」って考えれば会話表現も丸暗記が「避けられ」ます。
help を「避ける」の意味で使ったコトバには以下のようなものがあります。

> You can't help getting older,
> but you don't have to get old.
> 　　　　　　　　　　　　　　　　　　　George Burns
> 年をとるのは避けられない。でも、老け込んでしまう必要はない。
> 　　　　　　　　　　　　　　　　　　　ジョージ・バーンズ

さあ、『逃避』のイメージを続けましょう。今度は少し応用。

> **object to ～**　「反対する」 / **be opposed to ～**　「反対する」
> 　『逃避』→『反対』ってイメージにつながります。

たとえば、「ストライキは、今日の仕事を避けて、いまの労働条件に反対するってこと」ですよね。
object to -ing / be opposed to -ing の形になります。

resist　「反抗する」「抵抗する」
　resist も、『反対』ってイメージとそっくりなので "resist -ing" です。
　たとえば「法案に反対する」＝「法案に抵抗を示す」と考えられますね。

まとめ
『逃避』のニュアンスがある動詞は -ing をとる!!

18. 分詞構文ってナニ？
分詞構文の超カンタン判別法

> In the cold morning hour,
> crouching in the corner of the wall,
> the poor little girl was found
> frozen to death.
>
> *The Little Match-Girl* **Hans Christian Andersen**
>
> 凍てつくほどの朝
> 壁のすみっこでうずくまったまま
> かわいそうにその少女は
> 寒さで命を失っていたのでした。
>
> 『マッチ売りの少女』アンデルセン

● **分詞構文とは２つの文を適当につなげたもの**

『マッチ売りの少女』の英文に crouching ～ という分詞構文があります。分詞構文の訳し方って、実は -ing がどこにあるかによって決まるんです。おそらく『条件』とか『譲歩』だとか訳し方を５つくらい覚えたと思いますが、実際にはそんなにたくさんの意味で使われることはないんです。

意味のとり方をお話しする前に、まず分詞構文とは何なのか？を説明しましょう。**分詞構文とは2つの文を適当につなげたもの**、それだけなんです。では分詞構文をつくる3ステップをお話しします。

分詞構文をつくるための3ステップ
① 接続詞を消す
② 主語も消す
③ 動詞を分詞（-ing）に変える（being p.p. になる場合、being を省略する）

---

ex.
When he saw a policeman, he ran away.
　↓　　↓　　↓
　✕　　✕　Seeing a policeman, he ran away.

完成：Seeing a policeman, he ran away.　「警官を見て、彼は逃げた」

● 分詞構文の訳し方は -ing の位置で決まる

分詞構文の意味って -ing がどこにあるかによって決まるんです。
-ing は、SV の前、真ん中、後ろ、どこにでも置くことができます。
パターンは次の3つです。

① **SVの前にある場合**：-ing 〜 , S V.　　　適当に訳す
② **SVの真ん中にある場合**：S, -ing 〜 , V.　適当に訳す
③ **SVの後ろにある場合**：S V, -ing 〜 .　　「そして」か「〜しながら」

> **-ing が S V の前、真ん中にある場合（①と②）の訳し方**
> -ing が前、真ん中にあれば適当に訳すんです。
> ちなみに「て」「で」を使うとカンタンに訳せることが多いんです。
> 　「…して、S V だ」とか「…で、S V だ」って訳します。
> 実は適当ってのが分詞構文の核心なんですよ。

見出しの『マッチ売りの少女』の文に分詞構文がありますね。
位置を確認してください。

In the cold morning hour, crouching in the corner of the wall , the poor little girl was found frozen to death.

crouching in the corner of the wall を**適当**につなげます（主節の "the poor little girl was found" という "SV" より前にありますね）。「すみっこでうずくまっ**て**」と考えれば OK です。

> **-ing が S V の後ろにある場合（③）の訳し方**
> -ing が後ろにあれば、「そして」か「しながら」で訳すんです。
> 　「S V だ。そして…だ」か「…しながら、S V だ」って意味になります（ほとんどの場合、どちらの意味でも訳せちゃいます）。

Every morning I wake up saying, "I'm alive, it's a miracle." And so I keep on pushing.
　　　　　　　　　　　　　　　Jacques Yves Cousteau

毎朝、目を覚まして私は言う。「今日も生きてる。奇跡だ」
こうして私は挑戦し続ける。

　　　　　　　　　　　　　　ジャック・イヴ・クストー

フランスの海洋学者クストー (1910〜1997) のコトバです。
ＳＶ (I wake up) の後ろに saying, "I'm alive, it's a miracle." がありますね。
直訳は「毎朝起きて、**そして**私は言う」になります。

● 分詞構文の本質は「適当に意味をボカす」こと

ボクは、適当にやるとラクに英文が読めるから、**分詞構文は適当**と言ってるわけじゃないんです。小手先のテクニックではありませんよ。
分詞構文の本質が適当に意味をボカすことなんです。

> 📝 分詞構文は、日本語では接続助詞の「て」「で」にあたる表現です。
> 例:「家に帰っ<u>て</u>、テレビ見た」「薬飲ん<u>で</u>、寝た」

高校のとき「元の接続詞は何か？」って言われて、when だとか because になるとかやったと思います。でもホントはそんなことやっちゃいけないんです!!
元の意味にこだわらないであっさり適当に文をつなぐってのが分詞構文の特色なんです。

> 📝 もしも「〜だから」って理由を強調したかったら、ネイティブは because を使います。「〜したその瞬間に」って言いたかったら、as soon as を使うはずなんです。

ほとんどの参考書には以下のような記述があります。

【分詞構文のいろいろな意味】（一般参考書の分類）

1. 時　　　「〜する時」「〜して」　　2. 原因・理由「〜なので」
3. 条件　　「もし〜すれば」　　　　　4. 譲歩　　　「〜だけれども」
5. 付帯状況「そして〜」「〜しながら」

これは覚えなくて大丈夫ですよ。いや、むしろ覚えないでください！
実際の英文では、よほどのことがないかぎり『条件』『譲歩』の意味になることはないんです。
みなさんに覚えてほしいことは前か真ん中なら「て」「で」、後ろにきたら「そして」「〜しながら」って訳すということだけなんです。ぜひ実際の英文で確かめてみてください。オドロクほどこのルールが使えますよ。

> **まとめ**
>
> **分詞構文の訳し方は位置によって決まる!!**
> 前か真ん中→「て」「で」
> 後ろ→「そして」「〜しながら」!!

Part 2

英語を形から理解する
──文の形が意味を教えてくれる

19. 丸暗記なしの熟語習得法
新たな英語の世界『頭韻』

> No cross, no crown.
>
> 苦難なくして栄冠なし。
>
> proverb
> ことわざ

ドラえもんの道具で、食べるとどんな言葉でも通じるようになるものって？
「ほんやく……」続きを言ってください。ドラえもんっぽく!!

「ほ・ん・や・く・コ・ン・ニャ・クぅ〜」

……気づきましたか？　韻を踏んでますよね？
「ほんやくコンニャク」って（「ほんやくケーキ」や「ほんやくチーズ」では韻を踏みませんよね）。

さらに、歌の歌詞も言葉の最後で韻を踏みますよね？
「俺の妄想、常に暴走」

丸暗記なしの熟語習得法【頭　韻】

言葉の最後、つまり脚（あし）で韻を踏むから脚韻（きゃくいん）って言うんです。日本語は脚韻です。でも英語の場合は違うんです。英語では**頭韻**なんです。
頭韻、つまり**頭で韻を踏むってのが英語の特徴**です。

> 英語の場合、脚韻は簡単にできるんですね。たとえば、「ション」って発音で終わる単語なんてたくさんありますよね。station, tension, passion, communication ……もちろん英語に脚韻も存在しますが、いちばんの腕の見せ所は頭で韻を踏むことなんです。

● 決まり文句は『頭韻』が決め手!!

大学入試からの問題です。

```
She is as busy as (    ).  「彼女は（    ）のように忙しい」
① a bee    ② an ant    ③ a cat    ④ a dog
```

「ハチのように……かな？」「いやでも、アリとキリギリスの話だとアリが働くし……」「猫の手も借りたいって言うし……」

英語の特徴は頭韻でしたよね。
この文でいちばん言いたいのは"busy"ってことですよね？
　"busy"と韻を踏むのは……

① a bee ですね。

She is as **b**usy as a **b**ee.

こうやって"b"の部分だけ強く読んでみてください。
ネイティブのようなキレイな抑揚ができますね。
こういう熟語って「決まり文句」なんて言われちゃいますよね。でもこれ、「頭韻が決め手」ってことを知っておくとスッと頭に入ってきませんか？

【頭韻】

頭韻が大事なので、bee 自体にさほどこだわりはありません。
ビーバー（beaver）だって OK です（一生懸命ダムつくってますよね）。
ホントに"as busy as a beaver"って言い方もあるんですよ。
でも、いくら一生懸命に手を洗っててもアライグマ（raccoon）じゃダメ、いくら必死に貝殻割っててもラッコ（sea otter）じゃダメなんです。頭韻になりませんからね。
bee でも beaver でも OK なんですから、意味を考えるときはそれにこだわらないでください。「超忙しい」って意味なんです。

> カッコよく訳すなら、英語で bee って比喩（ひゆ）を使ってるんで、日本語でも比喩を使って「猫の手も借りたい」って訳せば完璧。日本語では猫、英語では bee になるんです。

● たくさんある「頭韻の熟語」

```
as green as (　　)　「(　) のように未熟な」
```

最初の音は予想つきますよね？　もちろん g です。ちなみに、greenは「未熟な」という意味です（若葉の色なので、若さや未熟さを暗示する単語なんです）。
……ということは、頭韻なので"g"で始まる単語が入るわけです。
"g"で始まる"green"な単語って何でしょうか？

ヒントです。日本語では未熟なことを、何色で表現しますか？
「おまえはまだまだ……」
「青い」ですよね。「青い」とか「青二才」って言いますよね。
ホントは緑色なのに、日本人が「青い」と言っちゃうものって何でしょう？

ひとつは「信号（signal / light）」ですね。でも"g"と韻は踏みません。
「野菜（vegetable）」や「果物（fruit）」も「青い」って言いますが、やはり韻を踏まない。さあ残るは何でしょう？

「隣の（　　）は青い」って言いますよね。
そう、「芝」ですね。英語で言うと……、
grassです。テニスで grass court って言いますね。

as green as grass　　「芝のように未熟な」→「青二才／世間知らず」

"gr" で韻を踏んでいるんです。
他にもあるんです。頭韻のところを強く読むとカッコよく聞こえますよ。

as slow as a snail　　「カタツムリのようにゆっくり」➡「とても遅い」
as smooth as silk　　「シルクのようになめらか」➡「とてもなめらか」
as clear as crystal　　「水晶のように明らか」➡「とても明白な」
as proud as a peacock　　「クジャクのように自慢して」➡「大いばりで」

見出しのことわざも頭韻ですね。

No cross, no crown.

cross は「キリストがかけられた十字架」、そこから「苦難」を表します。
crown は「キリストの冠」、そこから「栄冠」って意味です。
「苦労してはじめて栄冠が得られる」って意味です。

まとめ

英語は頭韻が特色!!
頭韻の熟語はいっぱいある!!

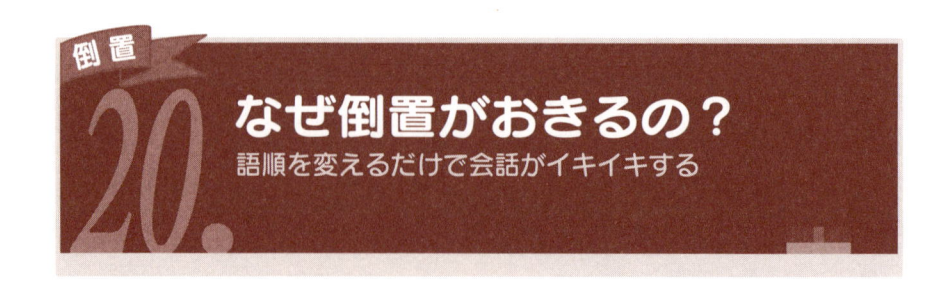

倒置 20. なぜ倒置がおきるの？
語順を変えるだけで会話がイキイキする

> She took down a jar from one of the shelves
> as she passed; it was labelled
> "ORANGE MARMALADE",
> but to her great disappointment
> it was empty.
>
> *Alice's Adventures in Wonderland* **Lewis Carroll**
>
> 落ちながらアリスは棚からビンを取りました。
> 「オレンジマーマレード」というラベルでしたが
> アリスの期待とはうらはらに中は空っぽでした。
>
> 『不思議の国のアリス』ルイス・キャロル

『不思議の国のアリス』の英文では"to her great disappointment"「アリスがものすごくガッカリしたことなんですが」って、最初にアリスの気持ちを言っちゃうんです。このように語順の移動がおきることで、どんな効果があるのでしょうか？

● 文をパワーアップさせる『倒置』

「ふだんの英文とは語順が変わることなんです。『倒置』っていうのは!!」

上の文、ちょっと違和感というか、少し引いちゃいますよね。
「何だよ、急に。テンション高っ!!」みたいに。
ふだんなら次のように言いますね。

「『倒置』とはふだんの英文とは語順が変わることなんです」

うん、これならびっくりしない。

でも文にパワーがありませんよね。おとなしい感じ。
そこで文の語順を入れ替えて、強く印象づけるのが『倒置』なんです。
何か強調したいときに倒置を使います。

> 日本語でも喜怒哀楽を強く伝えたいときって、倒置になりますよね。
> 「超ビビったんだけど、実はさあ……」とか、「今日、うれしいことがあったんだけど～!!」とか。

では、なぜ感情表現は前に移動することが多いのでしょうか？
そこには私たち人間の巧みな心理が２つも働いているのです。

① 感情表現は、**感きわまって先に言っちゃう**
② 強調したいことを後ろへ移動して**出し惜しみできる**

この２つの働きをそれぞれ説明していきましょう。

● 感情表現は、感きわまって「先に言っちゃう」

まずは感きわまって「先に言っちゃう」から確認していきましょう。
下の英文を見てください。

She refused my proposal　to my regret.

彼女はボクのプロポーズを断った　　➡　　残念で悲しい

前置詞 to は矢印（➡）に置き換えられます（78ページ参照）。
ここから「矢印の to」は結果の意味をもちます。
「その結果〜だ」って訳します。

> 参考書で "to one's 感情名詞"「(人が)〜したことには」って見たことあるかもしれません。実はこれ、『結果の to』なんです。

この文の "to my regret"「残念・悲しい」は感情を表しますね。
その気持ちが強くなると、感きわまって前に出ちゃうんです。

She refused my proposal　(to my regret).

文頭へ

(To my regret), she refused my proposal.

「すっごい残念で悲しかったんだけど……」って訳すと雰囲気出ますよね。

なぜ倒置がおきるの？【倒　置】

● 出し惜しみして、興味をひきつける話術

次にもうひとつの心理、「感情表現を前にもってきて、**強調したいことを出し惜しみ**」についてお話しします。

さきほどの英文で "to my regret" が前に出ることで、"she refused my proposal" が後ろへ移動しましたね。
後ろにある内容が出し惜しみされて、強調されるんです。

To my regret, she refused my proposal .
超残念なんだけど、ボクのプロポーズ断りやんの!!

以上の２つの心理を反映させると以下のような意味になります。

「結果的にボクが残念で悲しかったことなんだけど、実は、彼女がボクのプロポーズを断ったんだ」

このように**大事な情報を後ろへ移動して出し惜しみ**することを……、

なんと……専門用語で……ん～……、
エヘッ。

「早く言えよっ!!」って思いますよね。
こうやって出し惜しみしながら相手の注意を引いていくのです。

　　　⚡ クイズ番組の司会者が「正解は……」って出し惜しみするのも同じですね。

この出し惜しみを英語学の専門用語で **end-focus（文末焦点）**といいます。
「文の後ろ（end）に焦点が当たる大切な情報がくる（focus）」というこ

とです。

この end-focus を使うと会話がイキイキしてきますし、英語のいろいろな世界が見えてきます。次回もそれをお話ししていきましょう。

見出しのアリスの一節にも "to her great disappointment" があります。

to her great disappointment it was empty.

to her great disappointment「（結果的にアリスが）すごくがっかりしたことなんですが、なんとビンの中身は空っぽだったのです」って意味になります。

> **まとめ**
>
> ① "to one's 感情名詞" で
> 　「（人が）〜したことには」って意味!!
> ② 強調したいものは後回しで出し惜しみ
> 　（これを "end-focus" と言う）!!

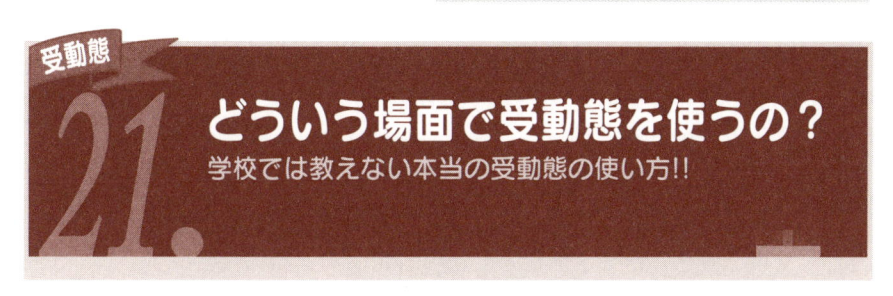

21. どういう場面で受動態を使うの？

学校では教えない本当の受動態の使い方!!

> Our problems are man-made,
> therefore they may be solved by man.
>
> John F Kennedy
>
> われわれが抱えている問題は
> すべてわれわれ人間がつくりだしたものだ。
> したがって、その問題を解決できるのも
> われわれ人間だけなのだ。
>
> ジョン・F・ケネディ

「天ぷらはナンシーによって食べられる」
「この手紙はケンによって書かれた」

中学校ではじめて受動態を習ったとき、変な日本語だなって思いませんでしたか？
こんなこと言いませんよね。
では、なぜこんな不自然な日本語になっちゃうのか？

理由はカンタンです。
日本語の受け身と英語の受動態は違うからなんです！

●「日本語の受け身」と「英語の受動態」は違う

① 日本語の受け身→『被害』『利益』を表すとき受け身を使う
② 英語の受動態→（それ以外にも）いろんな理由で受動態（be+p.p.）になる

日本語で「される」って訳が上手(うま)くハマるのは**被害や利益を受けるときだけ**なんです。

楽しみにしていたプリンを勝手に「食べ<u>られる</u>」、家の壁に落書きを「書<u>かれる</u>」、メールを「読ま<u>れる</u>」……全部**被害**ですよね。
利益の例は、上司に「認め<u>られる</u>」、入学を「許可<u>される</u>」などです。

しかし!!
英語で受動態（be+p.p.）にするときは被害や利益だけではないのです。
だから "be+p.p." を「〜される」って訳すと変な訳になることが多いんです（さっきの妙な日本語を見れば明らかですね）。
では、英語でどういうときに受動態（be+p.p.）になるのか、見ていきましょう。

● 主語を言いたくないときに受動態

「あのお屋敷、出るんだぜ!!」
さて、何が出るんでしょうか？

どういう場面で受動態を使うの？【受動態】

「おばけ」ですよね。
でも、「おばけ」なんて、できれば言いたくないですよね。
口にするとホントに出るみたい……主語の「おばけ」を隠したい。
日本語の場合、主語を言わなくても文は通じます。

> たとえば「昨日あの番組見た？」とかです（「君は昨日あの番組見た？」って言わなくても大丈夫ですよね）。

ところが英語の場合、主語を言わないなんて絶対にダメなんです。
そんなときに受動態！

まず、おばけが「出る」には haunt って動詞を使います。
haunt は、もともと "人 haunt 場所" で「人 が 場所 によく行く」という意味なんです。

My wife haunts the supermarket. 「妻はそのスーパーによく行く」

「よく行く」→「よく出没する」になります。
"おばけ haunt 場所"「おばけ が 場所 に出没する」って意味になるんです。

Ghosts haunt the mansion. 「おばけがそのお屋敷によく出没する」

これを受動態にしてみましょう。

The mansion is haunted ....

ここで文を止めておきましょう。
これでバッチリ主語の「おばけ」が隠れましたもんね。
まちがっても「受動態には by がくるから……」なんて言って、

The mansion is haunted by ghosts.

……ってやっちゃうと end-focus のルール（113ページ参照）が働いて、"by ghosts" がメチャクチャ強調されちゃいます。
思いっきり「オバケ〜」って言っちゃってますよね。
（ちなみにディズニーランドの「ホーンテッドマンション」ってこの haunt なんです）
このように、主語を言いたくないときに受動態にする。
これが受動態を使う理由のひとつなんです。
ですから、受動態は "by 人" を使わないことが圧倒的に多いんです。

　✐　"by 人" は本来、『言いたくない主語』でしたもんね。

もうひとつ大事なことがあります。
こういう理由で受動態にしたのであって、別に「される」っていうのをアピールするために受動態を使ってるわけじゃないんです。だから日本語にするときに、ムリに「される」って訳すとおかしくなるんです。
"be＋p.p." ＝「される」っていう固定観念を捨ててしまいましょう！
ためしにさっきの文を直訳してみてください。

The mansion is haunted. 　「そのお屋敷は、よく出没される」？？？？

不自然な日本語になってしまいます。「天ぷらはナンシーによって食べられる」みたいな。このように、英文が受動態（be＋p.p.）になっていても、日本語では「される」にこだわらず、能動態で考えたほうがわかりやすいってことがよくあるんです。

● 受動態は by を使わないのが基本

"by 人"がない受動態の例をあげましょう。どれも身近なものばかりです。

Made in Japan	「日本製」	◆服のタグでおなじみですね
Closed	「閉店いたしました」	◆お店のドアにかけてありますね
Reserved	「予約済み」	◆レストランのテーブルに置かれてますよね
Occupied	「使用中」	◆飛行機のトイレで使われます。直訳は「占領されています」
Service is included.	「サービス料は含まれています（チップは不要です）」	

このように**主語が不特定多数の場合**、**主語が不明な場合**などにも受動態を使うんです。また、**主語の責任逃れ**であえて**主語を隠したい（言いたくない）ときも受動態**が便利です。

Cathy broke a wine glass. 「キャシーはグラスを割った」

この能動態の文だと「Cathy がグラスを割った」ことを暴露（ばくろ）しちゃってますよね。
おしとやかな Cathy、別にわざとグラスを破壊したのではないかもしれない。そんなときにも受動態！

A wine glass was broken .... 「グラスが割れた」

ここで文を止めておくんでしたね。
「受動態には by」ってやったら大変なんです。

A wine glass was broken by Cathy.

end-focus のルールで、"by Cathy" がメチャクチャ強調されちゃいます。

A wine glass was broken....　「グラスが割れたんだ……」

って言われたら「マジで!?」って思って真剣に話を聞こうとしますね。
そこで、

... by Cathy!!　「なんと衝撃、Cathy のせいでね!!」

Cathy がかわいそうです。
逆に Cathy を強調したいときはこれでも OK なんです。

もちろん end-focus のルールです。
つまり、S を強調したいときだけ文末に "by 人" をつけるんです。
あえて "by 人" をつけるのは、ホントに強調したいというメッセージ。

ですから、見出しのケネディ（1917〜1963）のコトバでは "by man" が強調されるんです。

Our problems are man-made, therefore they may be solved by man.

もし they may be solved. で終わっていたら、何らかの理由で主体（by man）を言いたくない、そして文末にある be solved「問題が解決される」

ってところが強調されるんです。

しかし、あえて"by man"を置くことで、「諸問題を生み出したのはたしかに人間」だが、「それを解決できる主体も実は人間なんだよ」って**人間を強調**してるんです。

> **まとめ**
> **主語を言いたくないときに受動態!!**
> **受動態に"by 人"は不要!!**

カンタン単語習得法──"en"がついたら 「～を中にこめる」って訳す

en は「中にこめる」という意味で、たとえば enrich なら「rich を中にこめる」→「豊かにする」って訳せばいいんです。
これ知ってると、とっても便利ですよ。一気に単語力がつきます。

enjoy って単語知ってますよね。
これは en ＋ joy で「楽しみを中にこめる」→「楽しむ」ってなったんです。

次に encourage って知ってますか？　分解してみましょう。
en ＋ courage になりますね。courage は「勇気」です。
たとえば、いま友達がメチャ落ちこんでるとしましょう。
みなさんが言葉で、態度で、プレゼントで「その人の中に courage を詰めこむ」んです。
その行為を何ていいますか？
「励ます」「勇気づける」ですよね。それが encourage の意味です。

en は単語の後ろにつくこともあります。
strengthen って単語を2つにわけてください。
strength ＋ en になりますね。strength は、strong の名詞形で「力」って意味です。
en がついてますから「力を中にこめる」→「強くする」って意味になります。
en が「中」って意味になるのは英語以外の言語でも証明できるんです。
たとえばフランス語でも en は「中に」って意味なんです。

"L'arc-en-ciel（ラルクアンシエル）" って聞いたことありませんか？
人気ロックグループのバンド名ですが、これってフランス語なんです。
どんな意味か知ってますか？
フランス語で「虹」って意味なんです。

L'arc-en-ciel を英語で置き換えると以下のようになります。

```
L'  arc - en   - ciel （フランス語）
the arch in the sky （英語）  「空にかかるアーチ」→「虹」
```

フランス語で en は、前置詞 in なんです（正確に言うと in ＋ the に対応）。
　"en ＝ in"、そう言われてみるとスペルも音も似ている気がしませんか？ だからフランス語 en は「中に」って考えればいいんです。

他にこの en の仲間は以下のとおりです。

あたまに en がつくもの （"en-" の形で）

enable	「able（能力）を中にこめる」	→「可能にする」
enrich	「rich（豊かさ）を中にこめる」	→「豊かにする」
enlarge	「large（大きさ）を中にこめる」	→「拡大する」
endanger	「danger（危険）を中にこめる」	→「危険にさらす」

おしりに -en がつくもの （"-en" の形で）

shorten	「short（短い）を中にこめる」	→「短くする」
broaden	「broad（広い）を中にこめる」	→「広くする」
widen	「wide（広い）を中にこめる」	→「広くする」
frighten	「fright（驚き）を中にこめる」	→「驚かす」
whiten	「white（白い）を中にこめる」	→「白くする」

⚡ 化粧品や歯磨き粉の CM で whitening（ホワイトニング）って聞いたことありますよね。

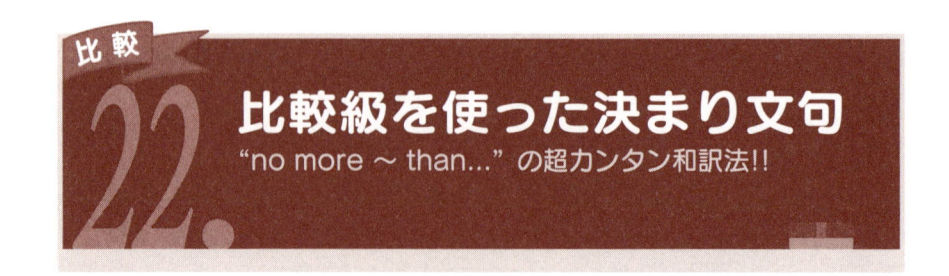

22. 比較級を使った決まり文句
"no more 〜 than..." の超カンタン和訳法!!

> The little prince looked at the snake
> for a long time.
> "You're a funny creature,
> no thicker than a finger."
>
> *The Little Prince* **Antoine de Saint-Exupéry**
>
> 王子さまはじっとヘビを見て言いました。
> 「君は不思議な生き物だね。指のように細くって」
>
> 『星の王子さま』サン・テグジュペリ

● "no more 〜 than ..." の裏ワザ

学校で呪文のように暗記させられた『クジラの構文』って見覚えありませんか?

A whale is no more a fish than a horse is.
「クジラが魚じゃないのは、馬が……」

比較級を使った決まり文句【比　較】

これをカンタンに訳せる裏ワザを教えます。
合言葉は**矢印２つ**です。まず "no more ～ than …" を見たら
no から、①more ～、②than …、の２カ所に矢印を向けるのです。
これだけです。

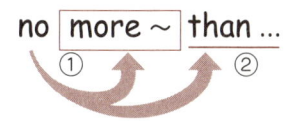

```
no  more ～  than …
    ①         ②
```

①は "no more ～" で、「**まったくもって～じゃない!!**」って**強く否定**してください。たとえば "no more intelligent" なら「全っ然、頭良くない」→「超頭ワリ～」って訳します。

②は "no ～ than …" で「**…と同じ**」って意味になります。
もともと than …は「…より」っていう差を表しますよね。
no を使ってその差を否定することで、「差がない」→「…と同じ」って訳せるんです。

He is no more intelligent than a monkey.

早速矢印を２つ向けてみてください。

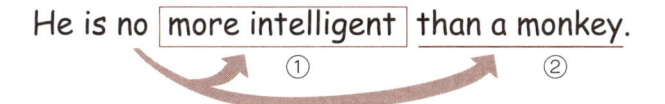

```
He is no  more intelligent  than a monkey.
              ①                 ②
```

① "no more intelligent"「全っ然 intelligent じゃない」➡「超頭ワルイ」
② "no ～ than a monkey"「サルと同じくらい」

「アイツ、超頭ワリーの。サル並みですわ」

ちょっと品がない和訳です。
でも、この訳、キモチが伝わりますよね。

さらに付け加えると、①が話し手の**主張**なんです。②が誰にでもわかる**具体例**です。

　「アイツ、超頭ワリーの。サル並みですわ」
　　　①主張　　　　　②具体例

①だけ聞いた人は「彼が頭ワルイの知ってるよ」って言うかもしれません。でも、話し手は②を使って「いやいや、そんなレベルじゃないんだよ。なんとサルと同じくらいの知能なんだよ」ってオーバーに誰にでもわかる具体例を出して、自分の主張を補強してるんです。

● no less は「超」と考える

He is no less intelligent than Einstein.

"no less 〜 than..." も同じですよ。同じように矢印2つ。

He is no less intelligent than Einstein.
　　　　　　①　　　　　　　②

① "no less intelligent"「彼は頭良くない (less intelligent)、ってことが絶対ない (no)」→「超頭良い」って訳します。これが正攻法ですが、実際英文読むときは "no less" で打ち消しあってるので、no less＝『超』って考えるとカンタンですよ。

no less intelligent
　超　　　頭良い

② "no ～ than Einstein" は「アインシュタインと同じ」で OK ですね。

「彼ったら、もうホントに頭良いの。アインシュタイン級よ」

> 余談ですが、悪いたとえには「サル並み」って言いましたが、良い意味には「級」を使いますよね。このように英語の勉強を通して日本語を豊かにしていくのも英語を勉強する大きなメリットです。

●『星の王子さま』も矢印２つで解決!!

では、高校時代あれだけ苦しんだ『クジラの構文』を片づけちゃいましょう。

A whale is no more a fish than a horse is.

矢印２つ書けましたか？

A whale is no |more a fish| than a horse is.
　　　　　　　　　　①　　　　　　②

① 「クジラは全っ然サカナじゃない（まったく対極と言ってもいい）」
② 「(そのサカナじゃない度合いは) ウマと同じくらいだ」

わかりますか？
たとえば目の前に、黄色い帽子をかぶったかわいらしい幼稚園児がいると思ってください。
その子がテレビでクジラを見たら、なんて言うでしょうか？
「ほ乳類」

……かわいい園児ですよ？
たぶん「おサカナさん」って言うのではないでしょうか？
それを聞いたみなさんが「クジラはほ乳類。魚じゃない」って強く言いたいときにこのセリフです。

「な～に言ってくれちゃうわけ!!　クジラはまったくもってサカナなんかじゃないの。って言ってもわからないだろうから、どれくらいサカナじゃないのか例出すと、ウマを指さしておサカナさんって言うくらい、それくらいナイって」

多少やりすぎですかね？　でも英文のイミがリアルに伝わってきませんか？
では、見出しの『星の王子さま』のコトバを訳してみましょう。

"You're a funny creature, no thicker than a finger."

"no thicker than a finger" で矢印2つ、ですね。

no [thicker] than a finger
　　①　　　　②

①は no thicker で「まったく厚くない」→「超うすっぺら」と訳せます。
ヘビのことですから「ホントに細長い」ってことですね。
つまり「君は指みたいにヒョロッとしてるね」っていう意味です。

> ちなみに、欧米の人は小さいものを「親指」にたとえることがあります。
> いちばん短い指だから小さいものにたとえるんでしょう。
> だから『おやゆび姫』ってカワイらしいイメージがあるんです。

● **熟語も矢印２つで解決!!**

この「矢印２つ」ってワザは熟語にも使えます。丸暗記しないでくださいね。

　　no more than ～　　「～しか」
　　no less than ～　　「～も（多くの）」

まずは "no more than" からいきましょう。

I have no more than 1000 yen.　矢印を２つ向けてください。

I have no [more] than 1000 yen.
　　　　　　①　　　②

①「全然多くない」→「超少ない」
「少ない」ってのが主張です。でも「少ない」って言われてもどれくらいか

わからないですよね？　そこで誰にでもわかる例を数字で出します。

②「1000円と同じ」
つまり直訳は「ボク、超少ない額しか持ってないんだ。少ないイコール1000円だ」→「1000円しか持ってない」になるんです。

次は"no less than"です。

I have no less than 1000 yen.　もちろん矢印2つです。

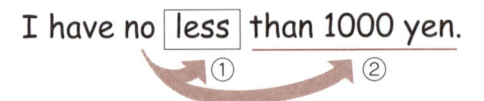

I have no less than 1000 yen.
　　　　　　①　　②

①「全然少なくない」→「超多い」　②「1000円と同じ」

直訳は「ボク、超多い額を持ってるんだ。多いイコール1000円だ」
→「1000円も持ってる」になりますね。

まとめ

"no 比較級 than ..." は no から矢印2つ向ける!!
「全然〜じゃない、…と同じくらい」って訳す!!

5文型の長所
文型から知らない動詞の意味がわかる（その1）

> Yet the earth does move.
>
> **Galileo Galilei**
>
> それでも地球は動いている。
>
> ガリレオ・ガリレイ

ガリレオ（1564～1642）のコトバは「"the earth" が S で、"does move" が V っていう第1文型（SV）」になっています。
では、文型がわかると、どんなメリットがあるのでしょうか？

● 文型がわかれば動詞の意味もわかる!!

文型によって動詞の意味が決まっているんです。
次のページにある囲みを見てください。例文はすべて make を使いました。
「make のような基本動詞にはいろんな意味があるから気をつけよう」なんて言われちゃうかもしれませんが、心配しなくて大丈夫です。
いろんな意味を覚えるのではなく、まずは文型に注目って習慣をつけましょ

う。文型は役立つんです!!

★文型別　動詞の意味
第1文型　SV　「いる・動く」っていう意味

> The ship made for the shore.
> 船は岸に向かって動いた→進んだ　✐ 前置詞 for は「～へ向かって」

第2文型　SVC　「S ＝ C だ」っていう意味

> We made merry at the party.
> パーティーで陽気だった→浮かれ騒いだ

第3文型　SVO　「S が O に影響を与える」っていう意味

> I made a new doghouse for Kuro.
> 私はクロに新しい犬小屋をつくった
> ✐ SVO だけは、この「影響」以外にもたくさんの意味がありますので、第3文型だけは単語力勝負になります。

第4文型　SVOO　「与える」っていう意味

> My father made me a chair.
> 父は私にイスを与えた→つくってくれた

第5文型　SVOC　「O に C させる」「O が C だとわかる」っていう意味

> The news made my mother happy.
> ニュースが母を喜ばせた→（ニュースを聞いて）喜んだ

● 第1文型（SＶ）の動詞は「いる・動く」って意味!!

第1文型（SV）の動詞は「**いる・動く**」という意味です。

We got to Tokyo.

まちがっても「get＝得る」なんて考えないでください。
まずは文型をとってみましょう。

We got (to Tokyo).
 S V M

> 前置詞＋名詞 のカタマリは修飾語（M）になります。
> Mはなくてもかまわない要素なのでSVMは第1文型とみなします。

SVの第1文型になりましたよね。ということは、getの意味は「いる」か「動く」です。両方で訳してみましょう。

①「**いる**」の場合	②「**動く**」の場合
「私たちは東京に<u>いた</u>」	「私たちは東京に<u>移動した</u>」

どっちでも最終的に内容は変わりませんね。
ここで前置詞の to に注目すると、"to" は「方向・到達」を示す前置詞ですから、②の「動く」って意味がピッタリです。
「私たちは東京に<u>移動した</u>」と訳すんです。

> こういった流れで、「get to ～ ＝ ～に着く」って熟語ができたと考えてください。いきなり熟語ばっかりだと英語をキライになりがちですが、覚えなきゃいけない熟語って実は少ないんです。

● 単語を知らなくても文型で訳せる

次の英文で revolve を知らなくても訳せますよね。

They believed that the sun revolved around the earth.

that 以下に注目してください。

the sun　revolved　(around the earth.)
　S　　　　V　　　　　　M

「太陽は地球の周りにある／を動く」→「太陽は地球の周りをまわる」

🖉 ちなみに revolve は「回転する」って意味です。

「太陽が地球の周りをまわっている、と思われていた」って訳せますね。

誰もが「太陽が動いてる」と思っていた時代にガリレオが言うわけです。

Yet the earth does move.

文型を考えてみてください。does move は moves という動詞を does を使って強調しているだけです（強調の "does" と言われ、この "does" は助動詞です。"can" と同じようなもんです）。"the earth moves" ってのと同じ文型です。

Yet the earth　does move.　　「地球は動く」
　　　S　　　　　　V

バッチリ意味がとれましたね。

まとめ

第1文型（SV）は「いる・動く」って意味になる!!

言いにくいことは遠まわしに言う（その1）

日本語にも、英語にも、直接言うとキツイので、遠まわしな言い方があります。
この**遠まわし**って観点があると、今までわけもわからず丸暗記せざるをえなかった単語がグッとリアルになりますよ。

まずは日本語から考えてみましょう。
たとえば「トイレ」って、本来の日本語では「便所」ですよね。

<u>「便所」</u>

あらためて字を見ると直接的すぎますよね。だからふだんは「トイレ」って言うんですね。他に「便所」のことをなんて言いますか？ 3つ言えたらすごいですよ。

「お手洗い」「化粧室」……あとは「かわや」「せっちん」「はばかり（人目をはばかることから）」「ご不浄（実はとっても丁寧な言い方なんです）」ってとこでしょうか。若い人は後半の言葉は知らないですよね（ところが予備校でも、たまに「かわや」って答える受験生もいるんですよ。平成生まれなのに……）。
また、飲食店でバイトしたことある人なら知ってるかもしれませんが、「テーブル〇番」なんてのもありますね。お客さんの前で「トイレ行ってきま～す」なんて言えないですもんね。

この発想、英語にもバッチリあるんです。
まず「便所」の英語バージョンは toilet です。
ですから"Where is the toilet?"なんて言わないほうがいいですよ。
「ベンジョどこですか？」って言ってるのと同じですから。
toilet の他にたくさんの言い方があるんです。

column

公共の建物・ホテルで
rest room / lavatory / water closet / powder room / lounge
個人の家で
washroom / bathroom

どれも遠まわしな言い方です。
rest room はトイレを指します。よく使いますよ。
lavatory は飛行機のトイレにも書いてあります。今度確認してみてくださいね。
water closet は略して w.c. でおなじみですよね。
また、bathroom はお風呂場にトイレがあることから、このように言われます。

ただやみくもに英単語を覚えるよりも、ずっと頭に入りやすくなりますよね。

文型 24. 第2文型
文型から知らない動詞の意味がわかる（その2）

> Knowledge is power.
>
> Francis Bacon
>
> 知は力なり。
>
> フランシス・ベーコン

● **第2文型（SVC）は「S＝Cだ」って意味!!**

第2文型（SVC）は「SはCだ・Cになる（S＝C）」って意味になります。

SVCの判別方法（必ずS＝Cが成立）→ C（補語）には、『形容詞』か『名詞』がきます。

　① SV ＋ 形容詞 → 必ず "SVC" になる　She looks happy.
　　　　　　　　　　　　　　→ happy は形容詞 / She ＝ happy が成立
　② SV ＋ 名詞 → "S ＝ 名詞" ⇒ "SVC"
　　　　　　　　She became a teacher.　→ She ＝ a teacher
　　　　　　→ "S ≠ 名詞" ⇒ "SVO"
　　　　　　　　She broke the dish.　→ She ≠ the dish

①のパターンなら、動詞の単語を知らなくても意味がわかっちゃいますよね。"SV+形容詞" は「S は形容詞だ」って訳せば OK です。

● "SV + 形容詞" は「S は形容詞だ」って訳す!!

The milk turned sour.

sour は「すっぱい」っていう形容詞です（居酒屋で飲む「サワー」のことです）。形容詞ってことは SVC の第2文型ですね。

The milk turned sour.
　　　S　　　V　　　C

「牛乳はすっぱかった／すっぱくなった」って訳せますよね。
正確に言うと "turn + 形容詞" は「(形容詞)になる」っていう意味です。

他に有名なもので、次のコトバがありますね。

Dreams come true.
　　S　　V　　C

true が形容詞なので SVC です。
「夢は真実になる」→「夢ってかなうんだよ」と考えれば楽勝ですね。

見出しのベーコン（1561～1626）のコトバには SVC をとる動詞の代表格、be動詞がありますね。

Knowledge is power. 「知は力なり」
　　S　　　V　　C

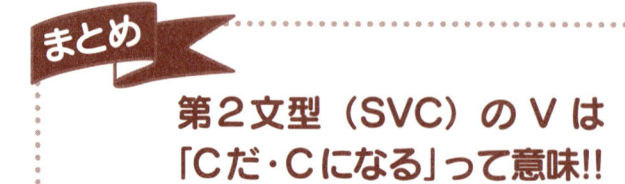

> **まとめ**
>
> 第2文型（SVC）のVは
> 「Cだ・Cになる」って意味!!

第4文型
文型から知らない動詞の意味がわかる（その3）

> I'm happy when competition is strong.
> It gives us more opportunity to
> improve our operations and products.
>
> Carlos Ghosn
>
> ライバルが強力だとうれしいんだ。
> 経営も製品も見直すチャンスを与えてくれるからね。
>
> カルロス・ゴーン

● "V 人 物" は「人に物を与える」って訳す!!

"V 人 物" の形をとる動詞は、すべて「与える」って訳せるんです。

【"V 人 物" の形をとる動詞】

give「与える」/ send「送る」/ teach「教える」/ show「見せる」/ lend「貸す」/ get「買ってあげる」/ do「与える」

"teach 人 物" は「人 に 物 を教える」と習ったはず。
しかし!! その根本は「人 に 物 を与える」って意味なんです。
「人に英語（の知識）を与える」＝「人に英語を教える」ってことですよね。
"show 人 物" は「人 に 情報 を与える」＝「人 に 物 を見せる」ってことなんです。

次に lend です。lend の意味は「貸す」ですか？ 「借りる」ですか？
"lend 人 物" って形だけ覚えてください。もちろん「与える」って訳しますよね。
……ってことは「与える≒貸す」って考えれば迷うことはなくなります。
中途半端に覚えると、かえって「貸す」のか「借りる」のか迷っちゃいます。
"lend 人 物" って形だけ覚えるのがラクで確実です。

次は "do 人 物" です。もちろん訳し方は「人 に 物 を与える」ですね。
ただしdoの場合、物 に入る名詞は決まっています。good（利益）/ damage（害）/ a favor（親切な行い）などです。
会話でよく使われる "Would you do me a favor?" は「私に親切（a favor）を与えて（do）くれませんか？」→「お願いがあるのですが」ってなるんです。

● 知らない動詞も「与える」で OK

これをマスターすると、とってもステキなことが待っています。
知らない動詞を見ても "V 人 物" の形なら「与える」って意味だとわかるんです。この知識を使っちゃえば、知らない動詞も一気に理解できます。

たとえば、『星の王子さま』の作者サン・テグジュペリのコトバです。真ん中あたりにある "assign them tasks and work" に注目してください。

第4文型【文　型】

If you want to build a ship, don't drum up people to collect wood and don't assign them tasks and work, but rather teach them to long for the endless immensity of the sea.

Antoine de Saint-Exupéry

もし船を造りたいのなら、木材を集めるのに人を呼んだり、労働作業を割り当てたりしてはいけない。むしろ、限りなく広がる海の世界に憧れるようにしてあげなさい。

サン・テグジュペリ

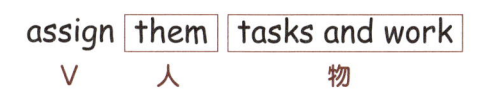

assign | them | tasks and work
　V　　　人　　　　物

「彼らに作業や労働を与える」と訳せばいいのです。
ちなみに assign は辞書では「割り当てる」と書いてあります。

見出しのカルロス・ゴーンのコトバは "give 人 物" ですので、そのまんま「与える」って訳せば OK ですね。

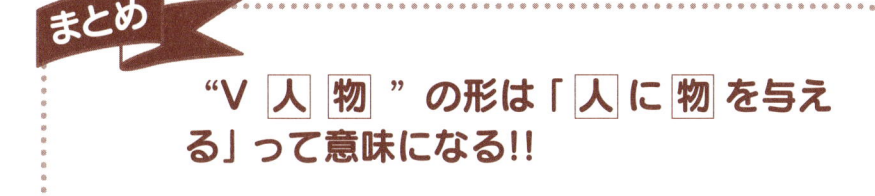

まとめ

"V 人 物" の形は「人 に 物 を与える」って意味になる!!

言いにくいことは遠まわしに言う（その2）

「英語圏の人は結構モノをズバズバ言う」みたいな思い込みがあるかもしれませんが、日本語同様、遠まわしな言い方がたくさんあるんですよ。

「妊娠している」って単語は pregnant ですが、これはあまりに直接的すぎるんです。
日本語でも「お宅のお嬢様が妊娠されたそうで」なんて言いませんよね。
いろんな言い方がありますよね。たとえば「おなかが……」

「大きい」ですね。
他には「おめでた」、最近だとテレビでは「できちゃった」もよく使われます。
「コウノトリが運んでくる」「わたしのおなかの中には、新しい生命（いのち）が宿っているの」みたいな昼ドラの定番もあります。
デパートでは「妊婦服」ではなく「マタニティードレス」ってカタカナで遠まわしに言いますね。

英語では pregnant の代わりに "expecting" を使います。
辞書には expecting「妊娠している」って書いてありますが、もちろん丸暗記はしないでくださいね。
自然に頭に入るようにきっちり説明します。
もともと "expect" には「期待する」→「（人）が来ると思う」って意味があります。

I expect him at two this afternoon.
「彼は今日の午後2時に来ることになっています」

この expect はふだんの会話でもよく使いますよ。
そして、この文の目的語に "a baby" がくると以下のようになります。

column

She is expecting a baby.
「赤ん坊がやってくると思ってます」
→「彼女にはもうすぐ赤ちゃんが生まれます」

これで遠まわしな言い方になります。
さらに"a baby"まで省略しちゃって、

She is expecting.

……って言ってもOKなんです。
この expecting をJR中央線の車内アナウンスで聞いたことがあります
(「妊婦さんに優先席を譲りましょう」っていう内容を英語で言ってます)。
電車で車内アナウンスがあったらよ〜く聞いてみてくださいね。

26. marry の語法
"be married to 〜" をネイティブ感覚で身につける

> Prince Phillip and Sleeping Beauty got married in the rose garden.
>
> *Sleeping Beauty*
>
> フィリップ王子と眠りの森の美女は
> バラの咲き乱れる庭園で結婚式を挙げました。
>
> 『眠りの森の美女』

● "be married to 人" って熟語のナゾを解く

"be married to 人" という熟語があります。なぜ「〜と結婚する」なのに "with 人" ではなく "to 人" なのでしょうか？
実は、この熟語の成り立ちを知っちゃえばカンタンなんです。
まずは marry の語法から確認しましょう。

marry の語法【語　法】

> **be married to 人**　「～と結婚している」
> 　独身ではないという『状態』を表します。
> **get married to 人**　「～と結婚する」
> 　be を get にすることで『動作』になります。

実は、marry はもともと「(花嫁) を与える」という意味なんです。

> 日本でもむかし、政略結婚がありました。英国でも自分の意思と無関係に結婚させられた歴史があったんです。

He will marry his daughter.　「彼は娘を (花嫁として) 与えるつもりだ」

この文を読んで知りたい情報はどんなことですか？
「彼は娘を嫁に行かせた」って言われて、聞きたくなることは何ですか？

「どこに？」とか「誰のところに？」ってことですよね？
そうです。もう1回言ってみてください。最後の1文字を大きな声で！

「どこ**に**？」「誰のところ**に**？」
これって『**方向・到達**』の前置詞が必要ですよね？
その前置詞はズバリ何でしょうか？

to ですね。『**方向・到達**』の "to" !!
ですからさっきの文に "to 人" をつけ加えてみましょう。

He will marry his daughter to a rich man.
「彼は娘を、ある金持ちの男性に与えるつもりだ」

● "be married with" にならない理由(わけ)

この文で、主語の He（娘を嫁に出す He）って誰だと思いますか？

「父親」ですよね。
わかりきってるので、主語を言う必要がない。いちいち言いたくない。
そこで受動態の登場です（116ページ参照）。

He will marry his daughter to a rich man.

His daughter will be married to a rich man {by him}.

　　　　　　　　　　　　📝 "by 〜" は省略するのが普通でしたよね。

「彼の娘は、ある金持ちの男性に与えられる」
　　　　　　　↓
　　　　　「と結婚する」

これで "be married to 〜" という形になるんです。

じゃあ、もしも、もしもの話ですよ。
もしも "be married with 人" だったらどんな意味になるでしょうか？

(×) His daughter will be married with a rich man.
「彼の娘はある金持ちの男性と一緒に嫁に行かせられる」？？？？

男が嫁に出されちゃった……。

marry の語法【語　法】

だから with は使えないんです。with はキモチ悪いですよね？
いくら金持ちでも、男なのに嫁に出されちゃうのはイヤですよね？
だったら with はやめましょう。嫁に出されちゃいます。

> **まとめ**
>
> marry は「嫁に出す」って意味。
> "be married to 人" は「人のところに
> 嫁に出される」→「人と結婚する」!!

語法 27. that 節をとる動詞の語法

that 節をとる動詞は『認識・伝達』の動詞

> I saw that my arms and legs were tied to the ground with dozens of threads.
>
> *Gulliver's Travels* **Jonathan Swift**
>
> 気がつくと、私の手足が何十本もの糸で地面に縛りつけられていた。
>
> 『ガリバー旅行記』ジョナサン・スウィフト

● "S V that ～" の V は「思う」「言う」って意味になる

"S V that ～" って形は、V は「思う」か「言う」っていう意味になるんです。これ知っとくと英文読むとき、ものすごくラクになりますよ。

　　　S V that ～ . 「S は～と 思う ・ 言う 」

このルールをさっそく説明していきましょう。
たとえば、"I ＿＿ that he is rich." で、＿＿の部分に入りそうな動詞を入れてみてください。簡単な動詞で OK ですよ。

that 節をとる動詞の語法【語　法】

◎ I |think| that he is rich.　　× I |eat| that he is rich.
◎ I |know| that he is rich.　　× I |run| that he is rich.
◎ I |say| that he is rich.　　　× I |have| that he is rich.

気づきましたか？
|V| の部分に入る動詞って、ぜんぶ「思う・言う」系統の動詞なんです。think / know / say は OK ですよね。でも eat / run / have はおかしいですよね。

実は、直後に that 節をとる動詞って、『認識・伝達』の意味をもつ動詞に限られるんです。

……ですからこのルールを逆手に取れば、いちばん最初にお話ししたように、"S　V that 〜" は「|思う|・|言う|」って訳すという必殺技ができあがるんです。

見出しの『ガリバー旅行記』の "saw" をなんて訳しますか？

I |saw| that my arms and legs were tied to the ground with 〜.
S |V|　 that 〜

わかりますよね。「見る」じゃないんです。"S V that 〜" の形ですから「思う・言う」で訳すんです。see に「わかる」って意味があるんです。
　"I see." は「わかります」→「なるほど」って意味ですよね。
今回の場合も「思う」≒「わかる」って考えれば OK です。

「手足が縛りつけられているのが|わかった|」という意味です。これを「気がつくと、手足が縛りつけられていた」って訳すとさらに雰囲気が出ますよね。

● 知らない単語もすべて「思う」「言う」で解決

> When I used to read fairy-tales,
> I fancied that kind of thing never happened.
> 　　　　　*Alice's Adventures in Wonderland* Lewis Carroll
>
> むかし、おとぎ話を読んでいたころは、
> そんなこと絶対に起こりっこないって思ってたのに。
> 　　　　　　　　　　　『不思議の国のアリス』ルイス・キャロル

fancy なんて動詞、知らないですよね。でも "S V that ～" って形に気づいちゃえばカンタンですよね。

```
I  fancied  {that} that kind of thing never happened.
S    V       that        (s)                (v)
```

🖋 that 節の主語（s）は "that kind of thing" です。that が2つ連続するとカッコわるいので接続詞の that は省略されています。

「私は～と思った」って意味ですね。辞書にも fancy は「思う」って書いてあります。

まとめ

"S V that ～" の形は「思う・言う」って訳す!!

語法 28. rob の語法
"rob 人 of 物" のナゾを、英語の歴史から考える

---

rob Peter to pay Paul

proverb

借金をして借金を返す

ことわざ

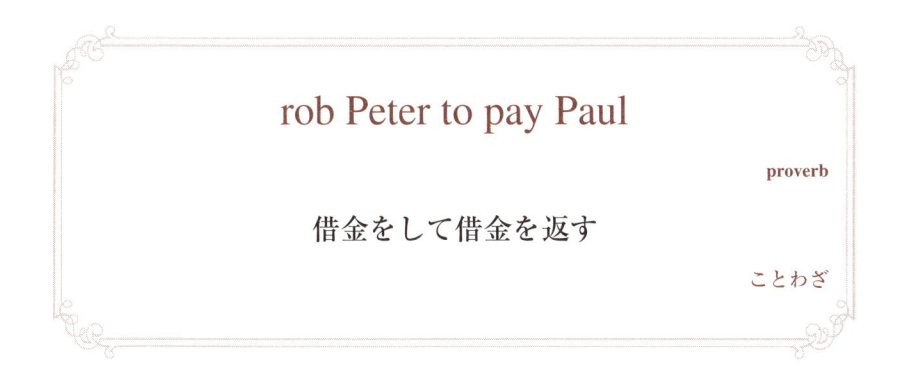

● **rob は「衣服を脱がす」って意味**

rob 人 of 物 で、「人から物を奪う」って意味になります。
でも、ボクは高校のときに納得できなかったんです。
「なんで "rob 物" ってならないのか？」、「なんで of を使うのか？」って。
では、その疑問をいまここで解いていきたいと思います。

rob の語源は、実は robe と一緒なんです（バスローブ (bathrobe) の「ローブ」です）。バスローブって何ですか？
着るもの、つまり服の一種ですよね。

だから rob は本来、「衣服をはがす」「身ぐるみはがす」って意味なんです。

では、服をはぎ取る相手は？
人ですよね。物から服をはぎ取るなんてムリですよね？
だから（×）"rob 物"とは言わないんです。"rob 人"の形になるわけです。
rob はただ「奪う」って習ったかもしれませんが、本当は「人の身ぐるみはがす」って意味なんです。

でも rob「身ぐるみはがす」って言葉、少し古い響きがしませんか？
いまどき、財布を取らずに、衣服を奪うってことはないですよね。
実は、rob が使われ始めたのは13世紀なんです。
お金やカードではなく、身につけてる衣服が貴重だった時代の言葉です。

● of と off は同じ語源

次に rob 人 of 物 の of を説明します。
実は、この of は分離を示します。「〜を分離させる」って意味なんです。
ふだん、of って聞くと「〜の」っていう所有の意味を考えますよね。

でも、もともと of は分離っていう、いまとは正反対の意味だったんです。
その後、14世紀に of から off が生まれました（だから of と off って似てるんです）。
そして17世紀には、はっきりと役割分担がおきたんです。

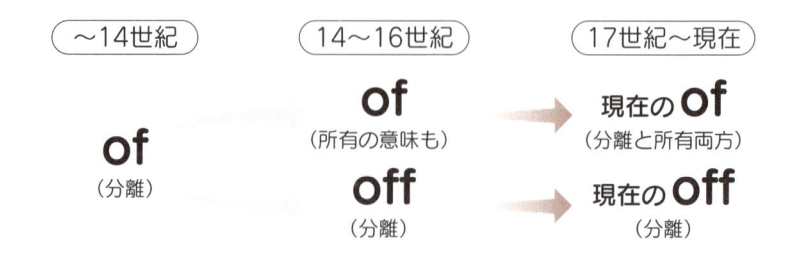

〜14世紀	14〜16世紀	17世紀〜現在
of（分離）	of（所有の意味も） →	現在の of（分離と所有両方）
	off（分離） →	現在の off（分離）

rob の語法【語　法】

気づきましたか？
rob が生まれたのは13世紀でしたね。そのときの of の意味は……

その時代の of は分離の意味なんですね。
ですから rob 人 of 物 は「人から身ぐるみはがして（rob）、物を分離（of）させる」って意味なんです。
それを簡単にして「人から物を奪う」って訳すようになったんです。

こうやってちょっと熟語の成り立ちを知るだけで、無機質な熟語表現がグッとリアルになりますね。

rob と似たような意味をもつのが steal です。
steal の語法は steal 物 from 人 「人から物を盗む」の形になります。
stealは「こっそり盗む」って意味ですから、いちばん意識するのは物です。
ですから "steal 物" の形。人はあまり関係ないんです。
steal は、日本語で言うと「スリ」に近いです。スッと財布を抜く感じ。
steal も st- ってとこが「スッ」って音と似ていますね。

これで "steal 物"、"rob 人" の形になる理由がわかりましたね。
見出しのことわざは "rob 人" の形です。

rob Peter to pay Paul

直訳は「Paul に借金を払うために、Peter から金を奪う」→「借金をして借金を返す」ということわざです（このことわざは14世紀にすでに使われていたものです）。

● rob 型の動詞はすべて「奪う」の意味になる

下の動詞はすべて rob と同じ時期（13〜14世紀）に生まれた単語なんです。
だから of はすべて**分離の of** です。
おまけに rob と同じ形なので、すべて「奪う」って考えれば OK です。

【rob型："rob 人 of 物" という形をとる】

> deprive「奪う」/ strip「はぎ取る」/ cure「治す」/ relieve「安心させる」

「奪う」といっても、プラスの意味で奪うってときもありますよね。
たとえば、cure です。rob と同じ訳し方をしてみてください。

The doctor cured him of his illness.

「医者は彼から病気（のウィルス）を奪った」→「医者は彼の病気を治した」
と考えれば OK なんです。

次は relieve です。relieve の意味は……
もちろん「奪う」です。rob 型なんですからね。
辞書を引けば最初に「取り除く」っていう rob と同じ意味があるはずです。
でも多くの人が「安心させる」って意味で覚えてるかもしれません。
ではなぜこのように2つの意味をもつのかお話ししましょう。
基本形はもちろん "relieve 人 of 物" の形です。

relieve him of anxiety　　「彼から不安を取り除く」

この形から of anxiety が省略されて、"relieve him" で「彼を安心させる」
って形で使われることが多いんです。

rob の語法【語　法】

> **まとめ**
>
> rob は「身ぐるみはがす」→「奪う」
> 直後には『人』がくる!!

【語　法】

語法 29. tell の語法

tell / convince / notify などの
語法を一発でマスター

The seven Dwarfs warned Snowdrop
again to be on her guard,
and to open the door to no one.

SNOWDROP

7人の小人たちは
白雪姫に用心するように言い聞かせ
誰が来てもドアを開けないよう注意した。

『白雪姫』

● **tell 型動詞を一気にマスターする**

『白雪姫』の英文には "warn" が使われています。
この文では "warn 人 to ～" の形になっていますが、辞書には "warn 人 of ～" や "warn 人 that ～" もあります。
こういうまぎらわしい語法はコツをつかむと一網打尽なんです。
実は warn は tell と同じ形をとるんです。ですから tell の基本を確認して、その後に tell の仲間を一気にマスターしちゃいましょう。

tell の語法【語　法】

tell 型には3つの型があります。

【tell型の基本形】

① tell 人 of 物　　② tell 人 that SV　　③ tell 人 to 原形

上の tell には以下の「5つ」の動詞が入れられます。
tell とあわせて全部で6つ覚えてください。

> remind「思い出させる」 / convince「納得させる」 / persuade「説得する」 / warn「警告する」 / notify「知らせる」
>
> ⚡ どれもよく出る単語ですね。大学入試では remind、TOEIC では convince や notify が頻出です。

3×6＝18通りの語法を一気にマスターしてください!!
基本形3つに、tell 型の動詞6つ、これで18個ですね。
表にするとカンタンですよ。色の部分だけを覚えれば OK なんです。

基本形＼動詞	V 人 of ～	V 人 that ～	V 人 to ～
tell	tell 人 of ～	tell 人 that ～	tell 人 to ～
remind	remind 人 of ～	remind 人 that ～	remind 人 to ～
convince	convince 人 of ～	convince 人 that ～	convince 人 to ～
persuade	persuade 人 of ～	persuade 人 that ～	persuade 人 to ～
warn	warn 人 of ～	warn 人 that ～	warn 人 to ～
notify	notify 人 of ～	notify 人 that ～	notify 人 to ～

覚えるときは一気にやってください。
「tell とぉ、remind とぉ……」なんてやらずに、
「tell・remind・convince・persuade・warn・notify」って。

● tell 型の動詞はすべて「伝える」って意味

しかもこの tell 型がオイシイのは、単語の訳まで覚えられちゃうところなんです。
tell 型の動詞はすべて tell と同じ意味と考えてください。
ぜんぶ「伝える」って意味になるんです。

remind は「思い出させる」って意味ですよね。たしかにそうなんですが、たとえば「予定を思い出させる」=「予定を伝えてあげる」ですよね。
convince「確信させる」も「何かを伝えて確信させる」わけです。
persuade「説得する」も「伝える」ということですね。
warn「警告する」は「注意を伝える」です。
notify「知らせる」はそのまんまの意味ですね。

もし tell 型の動詞の意味を忘れた、もしくは意味がわかっても訳がしっくりこないときは「伝える」って訳せばキレイに意訳できます。
また、tell 型動詞の中なら、意味の入れ換えも可能なんです。
たとえば persuade を辞書でチェックしてみてください。
"persuade 人 of ～" や "persuade 人 that ～" のところに、思いっきり「確信させる」とか「convince と同じ意味」って書いてある辞書もたくさんありますよ。
この必殺技、ぜひ活用してくださいね。

● 熟語 "be convinced of" の成り立ち

最後に補足です。この tell 型は受け身でもよく見かけるんです。
たとえば "convince 人 of 〜" を受け身にしてください（「人」を前に出せば OK ですね）。

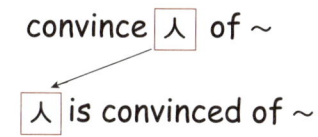

convince 人 of 〜

人 is convinced of 〜

"人 is convinced of 〜" って熟語になりましたね。
直訳は「〜について納得・確信させられている」→「〜を納得している・確信している」ってなるんです。

フランスの政治家ジョルジュ・クレマンソー（1841〜1929）のコトバには "be convinced" があります。

A man who has to be convinced before he acts is not a man of action. You must act as you breathe.
　　　　　　　　　　　　　　　　　　Georges Clemenceau
納得しなければ行動に移さない人は活動家とは言えない。
呼吸するかのごとく行動に移しなさい。
　　　　　　　　　　　　　　　　　ジョルジュ・クレマンソー

"be convinced"「納得させられる」→「納得する」と考えれば OK ですね。

> **まとめ**
> ① tell 型の基本形： tell 人 of 物、 tell 人 that 〜、 tell 人 to 原形
> ② tell 型の動詞： tell / remind / convince / persuade / warn / notify

感情を表す動詞の語法（その１）
"surprise" が「驚かせる」という意味になる理由(わけ)

> I don't know
> what the secret to success is.
> But I know the secret to failure:
> and that is, trying to please everyone.
>
> **Bill Cosby**
>
> 成功の秘訣(ひけつ)は知らないが、
> 失敗の秘訣なら心得ている。
> 目の前の人全員を喜ばせようとして
> 失敗してしまうのだ。
>
> ビル・コスビー

ビル・コスビー（アメリカのコメディアン）のコトバにある "please" という動詞は「喜ば<u>せる</u>」って意味です。決して「喜ぶ」じゃないんです。

● **文化の違いがコトバの違いに出る**

いま、目の前にステキな人がいるとします。みなさんはその人に「興味をもつ」、その人がいるから「ワクワクする」、いなくなったら「ガッカリする」って言いますね？ 日本語の感情表現って、全部（自分が）〜する型ですよね。
日本人の考え方では、誰かに好意もった瞬間、自分の心に何かが芽生えたような感覚になりますよね。

でも英語圏の人の考えでは、あなたの心の中に興味のタネを植え込む人がいるんです。相手に興味を「もたせる」存在が。さて誰でしょう？
「生まれたときから小指と小指が赤い糸で……」って聞いたことありませんか？ その赤い糸をつなげることができる人って誰でしょう？

気づきましたか？
やっぱり神様でしょうね。「神様が自分に興味をもたせた」
ふだんからこういう考え方をする英語圏の人には、他者が「〜させる」って考え方が非常に強いわけです。だから感情表現は、ひたすら「させる」「させる！」「させる!!」って意味をもつんです。

● **英語の感情動詞は「〜させる」と訳す**

では、動詞 surprise の意味は何でしょうか？　「おどろ……」

おどろ……「く」、じゃないですよ。
正解は「驚かせる」です。英語で気持ちを表す動詞は「〜させる」です。たとえば interest は「興味をもたせる」、excite は「ワクワクさせる」、disappoint は「ガッカリさせる」、please は「喜ばせる」、っていうふうに、「〜させる」型で訳します。
英語の感情表現は常に「〜させる」って訳せばいいので混乱することはありません。日本語とまったく違う発想ですね。
（他の動詞は247ページにまとめておきました）

まとめ

英語の感情動詞は「〜させる」って意味をもつ!!

語法 31. 感情を表す動詞の語法（その２）

「ワクワクする」が "be excited" と受動態になる理由(わけ)

> Twenty years from now
> you will be more disappointed
> by the things you didn't do
> than by the ones you did do.
> Explore. Dream. Discover.
>
> **Mark Twain**

いまから20年後、やってしまったことよりも
やらなかったことに失望するはずだ。
探検に出よ。夢を描け。新たな発見をせよ。

マーク・トウェイン

● exciting と excited は全然違う

次の２つの文、違いがわかりますか？
① Tom is exciting.　② Tom is excited.

感情を表す動詞の語法（その2）【語法】

まずは①Tom is exciting. のほうから。
excite は「ワクワクさせる」って意味です。「させる」ってのがポイントです。exciting は excite に -ing がついただけですから、意味が大きく変わることはありません。

　　📝 正確に言うと -ing がつくことで形容詞化していますが、気にしなくて大丈夫です。

したがって exciting は「ワクワクさせるような」って訳せば OK です。
「トムは（周りの人を）ワクワクさせるような人です」、つまりトムが「とっても魅力的」ってことですね。

①のトムは魅力的なんです。
周りの人間をワクワクさせちゃうカリスマ性があるんです。でもトム本人はワクワクしているとは限りません。思いっきりシラけてても OK なんです。

次に②Tom is excited. を考えてみましょう。
excite は「ワクワクさせる」ですから "is excited" は受動態ですね。訳せますか？「ワクワクさせる」を受け身の「られる」に変えます。
「ワクワクさせ……」続きをどうぞ！

「ワクワクさせ……られる」ですね。
言いにくいからって適当にゴマかしちゃいけません。
もう1回言ってみてください。

「ワクワクさ・せ・ら・れ・る」ですね。
したがって「トムは（何かに）ワクワクさせられている」→「ワクワクしている」って意味なんです。

②のトムは、「トム自身がワクワクしている」のです。周りがシラけててもいいんです。トムひとりが大興奮していれば Tom is excited. が使えます。

見出しのマーク・トウェイン（1835〜1910『トム・ソーヤの冒険』の作者）のコトバには "you will be more disappointed" があります。

disappoint は「ガッカリさせる」という意味ですから、"**be disappointed**"「**ガッカリさせられる**」→「**ガッカリする**」って考えれば OK ですね。

> **まとめ**
>
> ① 感情の動詞が -ing ➡「気持ちに<u>させる</u>」
> ② -ed →「気持ちに<u>させられる</u>」
> 　　➡「気持ちになる」

Part 3

品詞・機能を理解する
──これで英文把握力がグ〜ンとアップする

32. the の知識
the と a のネイティブ感覚を身につける

> Learn from yesterday, live for today,
> hope for tomorrow.
> The important thing is
> not to stop questioning.
>
> **Albert Einstein**
>
> 過去から学び、いまを生き、
> 未来へ希望を託しなさい。
> 常に問いかける姿勢が何よりも大切だ。
>
> アインシュタイン

アインシュタインのコトバには "The important thing" があります。一体どういうときに the を使えばよいのでしょうか？

● みんなで指させれば the

the は共通認識って考えてください。
これだけです。あなたと私（もしくはその場にいる全員）で、共通に認識できる内容に the を使うのです。みんなで「せ〜のっ」って言いながら同じものを指させるときに the を使うんです。

たとえばガリレオのコトバで "Yet the earth does move." がありましたね（131ページ参照）。earth には the がついてます。なぜでしょう？
そうです、"earth" は共通認識できるものだからです。
「地球」と言えば、どれをさしているか誰にでもわかりますよね。
同じように、太陽や月にも the がつきます（the sun / the moon）。
「太陽はどれですか？　せ〜のっ」ってやれば、そこにいる全員が一斉に太陽を指させますよね。まちがっても「どの太陽？」なんて言う人はいません。だから the なんです。

では、星（star）はどうでしょう？
必ず the がつくとは限らないですね。星は無数にあるので a star のときもあります。

> もちろんどの星をさすか共通認識できるとき（たとえば夜空にひとつしか星が出てないとき）は全員で指させますね。そのときは the star になります。

では、アインシュタインのコトバに使われた "the" について考えてみましょう。もちろんこれも共通認識の the です。

The important thing is not to stop questioning.

直訳は「(誰もが認識できる) 大切なことは、疑問をもち続けるのをやめないことだ」になります。

● the の知識を会話に使ってみる

Do you have the time?

この決まり文句知ってますか？
「いま、何時ですか？」って意味です（"What time is it?" よりも丁寧な聞き方なんですよ）。

これ、丸暗記しなくていいんです。
まず、the がない "Do you have time?" は「時間ある？／いまヒマ？」って意味ですよね。
だけど、今回は "Do you have the time?" で、the がついてます。
the と言えば、もちろん共通認識ですよね。つまり "the time" は「あなたと私で共通に認識できる時間」ってことなんです。

では、「共通に認識できる時間」って何でしょう？
たとえば仲間数人で、好きな時刻を言って、みんなでそろえるゲームをしてみましょう。「○時×分」って頭に浮かんだ時刻を言って、みんなで「せ〜のっ」ってそろえるゲームです。いきなりやって、そろう可能性は何％？

ゼロですよね、絶対そろいませんよね。
ボクは「8時15分」、彼は「9時56分」、みなさんは？

> 🖋 よくテレビでこういうゲームやってますよね。「夏の定番と言えば？」みたいなお題で5人そろえば OK みたいなゲーム。それが共通認識の感覚なわけです。みんな「海」って答えても、ひとりだけ「カキ氷」って答えたり、みんなでそろえるのってかなり難しいですよね。

でも、時間なら、ひとつだけそろえる方法があります。実はいま、ボクとみなさんで時間を共有しているわけですよね。同じ時間を過ごしてるので、近くに見える時計を指さして「せ〜のっ」ってやるんです。
いきますよ「せ〜のっ」……。

「7:10」って叫びました？
だから、"the time"は「みなさんとボクとで共通に認識できる時間」
→「共有してる時間」→「現時刻」って意味になるんです。

"Do you have the time?"で「現時刻(the time)を持って(have)
ますか、持ってたら教えてください」→「いま何時ですか」って訳すんです。

● **a と the ではこんなにも意味が違う!!**

> ① Money is a reason why she has married him.
> ② Money is the reason why she has married him.

違いは "a reason" か "the reason" ってところですね。
"the" を見たら何を考えるんでしたか？
the は共通認識ですよね。
それに対して "a" はたくさんあるうちのひとつって意味です。

①は "a reason" ですから「彼と結婚した理由はたくさんあって、あくま

でお金はそのうちのひとつです」っていう、まあ、常識範囲の理由ですよね。

問題は②番です。"the reason"ですから「彼と結婚した理由？　決まってんじゃん、言わなくてもわかるでしょ？　ハイ、せ〜のっ……」

「カネ〜!!　金、お金だって。他に理由なんてありません。マネー、マネー」

……そんな感じです。

まとめ

the は共通認識!!
みんなで指させれば the を使う!!

補足　「the ＋ 複数形」「theなしの複数形」、その違いは？

> I don't want to be known as the granddaughter of the Hiltons.
> I want to be known as Paris.
>
> Paris Hilton
>
> 私はね、「ヒルトン家の孫」じゃなくって、「パリス」として世間の人に知ってもらいたいの。
>
> パリス・ヒルトン

参考書には「"the ＋名前に s がついた形"で、"〜家の人々"って意味になる」って書いてあります。
でも、こんなことよりもっと大事なルールをひとつだけ覚えてください。

"the ＋複数形"は特定集団を表す

"the ＋複数形"って形で特定のグループを指すんです。
共通認識 the がくっついてる複数形なので「ああ、例のあの集団ね」って感じです。
わかりやすいのは、バンド名。ビートルズ（The Beatles）ですね。
最近の日本のバンドはこの"the -s"って使いませんよね。ですから少し古くなりますがチェッカーズ（THE CHECKERS）やブルーハーツ（THE BLUE HEARTS）、お笑いではドリフターズ（The Drifters）もありますね（この話、予備校ではしないんです。受験生はもう知らないんですね）。

わかりましたね、"the ＋複数形"で特定集団。
ですから、参考書の説明「"the ＋名前に s"で、"～家の人々"」って説明も納得できますよね。一種の特定集団です。家族という特定集団。

見出しのパリス・ヒルトンのコトバにも"the Hiltons"とあります。

これに対して、theなし複数形、つまり"～s"の形は総称を表します。「～というもの（すべて）」って意味です。
たとえば、次のことわざには"mothers"という theなし複数形が使われています。

> God could not be everywhere and therefore he made mothers.
> 　　　　　　　　　　　　　　　　　　　　　　　Jewish proverb
> あらゆる場所に神がいるわけではない。ゆえに、神は母を創造した。
> 　　　　　　　　　　　　　　　　　　　　　　　　ユダヤのことわざ

"mothers"は総称なので「母親（という存在全員）」のことなんです。

このようにキチンと英語の核をつかめば、細かくて無意味なルールを丸暗記しなくていいんです。

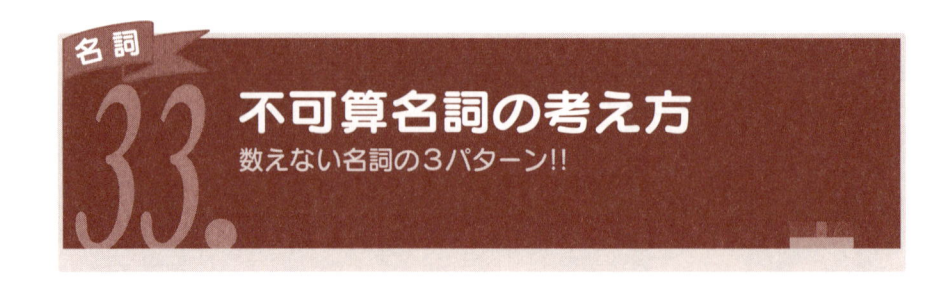

名詞 33. 不可算名詞の考え方
数えない名詞の3パターン!!

> Don't give your advice
> before you are called upon.
>
> Desiderius Erasmus
>
> アドバイスは求められてはじめて与えるべきである。
>
> エラスムス

オランダの司祭だったエラスムス（1467〜1536）のコトバには advice が使われています。
advice は「不可算名詞で数えない」なんて言われちゃいます。
数える名詞と**数えない名詞**をどう見分ければいいのか？
今回もできるだけ暗記なしで理解していきましょう。

● 具体的な形がイメージできないものは数えない

ウサギは1羽、タンスは1棹（さお）、ビールはジョッキなら1杯なのに、ビンなら1本……

不可算名詞の考え方【名　詞】

私たち日本人は、いろんな数え方をフル活用して、なんでも数えちゃうんです。
「1個、2冊、3枚、4本、5台、6人、7匹、8羽……」
……キリがありません（外国人は日本語を勉強するときにこれで苦労するそうです）。
日本語には数えないって発想がないんです。

一方、英米人の世界では数えるものと数えないものが半々なんです。
当然私たち日本人にとっては数えない名詞で苦労しますよね。「数えられない」ものがないんですからね。
でも安心してください。実はすっごくカンタンなんです。

数えない名詞は具体的な形がイメージできない!!

このルールだけ覚えてください。
この**具体的な形がイメージできない**パターンは3つあります。

● 見えないものは数えない

まずひとつめ。抽象概念は数えないんです。理由は簡単。抽象概念は目に見えない、**見えないものは具体的な形がイメージできない**、これだけです。

【抽象概念】

information「情報」/ news「ニュース」/ advice「助言」/ work「仕事」

見えないものは数えないという単純な発想。
たとえば、information（情報）は目に見えないですよね。
news（知らせ）も advice（アドバイス）も目に見えない。

> 気をつけてください、日本語では全部数えますからね。日本語は数えるの大好きでしたね。「1つアドバイスを」とか、「いい知らせが2つ」って言いますよね？ 私たち日本人は数える。だけど、英語を話す人は数えません。

続けましょう。
work（仕事）も homework（宿題）も目に見えません。
わかりますか？ この感覚。

たとえば、白いキャンバスを想像してください。
「お父さんの仕事を絵に描いて」って言われたら、何を描きますか？
仕事は目に見えないから書けないんです。結局描けるものって何でしょう？

「お父さん」です。「人間」です。頑張るお父さんが見えるんであって、**仕事自体は絶対見えない**んです。たとえば、お父さんが海水パンツはいて子供に何か教えてる様子を描けば、「君のお父さんは水泳のインストラクターなんだね」って相手が常識で判断するわけです。
でも、もしかしたらボクだって教室で海パン一丁で英語教えたっていいわけですよね、多分。
納得できましたか？ 仕事そのものは絶対に絵に描けないっていう感覚。

見出しのエラスムスのコトバを見てください。

Don't give your advice before you are called upon.

数えない名詞の advice がありますね。
直訳は「求められる前にアドバイスを与えるな」になります。

● 切っても OK なものは数えない

では、2つめ。**切っても OK なものは数えない**んです。切っても問題ないので、**具体的な形がイメージできない**んです。

【量概念】

> water「水」/ sugar「砂糖」/ butter「バター」/ bread「パン」/ paper「紙」

たとえば、paper というのは数え……ますか？
紙って、もともとでっかい紙をキレイに裁断しただけなんですよ。
メモ用紙や計算用紙なんてまさに切った紙ですよね。

ビリビリビリッ……、切っても紙は紙なわけです。
ということは数えないですね。

では次に book（本）を破ってみてください。
ビ……リッ？
切っちゃダメ？
切っちゃダメです。そんな本イヤですよね。
いきなりまっぷたつにしたら、もう本とは言えませんよね。
だから、book は数えるんです。

オーブンから出てきた bread（パン）を想像してください。
食パン状態で切れてるわけないですよね。パン屋さんに置いてあるような状態です。それを切って食べる。スライスされてるからって、「イヤだ～」って人はいないですよね。切っても OK だから、bread は数えないんです。

● baggage を数えない理由(わけ)

3つめの考え方。これで最後です。
もともと「ひとまとめ」って意味を含んでる名詞は数えないんです。
いろいろな物がひとまとめにされているので具体的な形がイメージできないんです。

【ひとまとめ概念】

> **baggage**「荷物一式」/ **luggage**「荷物一式」/ **money**「お金」

baggage / luggage（荷物）、money（お金）は数えないって言われちゃうと思います。では、それはなぜでしょうか？
このひとまとめ概念っていうのは、もともと複数形の名詞なんです。

辞書で確認してみてください。baggage には、なんて書いてあるでしょうか？
たぶん大半の辞書には「荷物」って書いてあると思います。
これがよくないんです。何がよくないかというと baggage は、もともと複数形の名詞なんです。ボクなら「荷物一式」「荷物ひとまとめ」って訳します。「同じだろ？」って思いました？　全然違うんです。

たとえば海外旅行から帰ってきた姿を想像してください。

スーツケース引っぱって、おみやげの紙袋2つくらい持って、女の人であればハンドバッグも持ってますね。それ全部まとめた単語が baggage なんです。ひとつひとつは bag です。でも全部まとめたものが baggage なんです。

ぜひ英英辞典で確認してください。多くの英英辞典にはこう書いてあります。

> baggage = bags / suitcases

わかりました？
この複数の "s" が大事なんです。つまり、"baggage＝bags" なんです。だからまちがっても baggage に "a" をつけたり "複数形の s" をつけたりなんてしないんです。
これでボクが「荷物一式」「荷物ひとまとめ」って訳した理由がおわかりでしょう。
luggage もまったく同じです。"luggage＝bags" で「荷物ひとまとめ」です。これを世間では「"bag" は数えるけど、"baggage" は数えない」とか言われちゃうんです。

money は辞書に「お金」と書いてありますね。
これも「お金ひとまとめ」、つまり「貨幣も紙幣もひとまとめ」ってことです。

> money（お金）= coins（貨幣）+ bills（紙幣）

coin（貨幣）や bill（紙幣）は、はっきり具体的に形がイメージできるので数えるのです。でも money だと貨幣と紙幣の両方が含まれるので、決まった形がイメージできませんね。

> **まとめ**
>
> 具体的な形がイメージできない名詞は数えない。『見えない』『切ってもOK』『ひとまとめ』の3パターン!!

補足 なぜ"fish"は複数形でも"fish"のままなのか？

fish は単複同形って聞いたことありますか？
fish は複数でも fish のままで OK って意味です。

単複同形の名詞

| fish「魚」/ salmon「サケ」/ carp「コイ」/ sheep「羊」/ fruit「果物」|

実は、むかし狩猟の対象になったものは数えないんです。
日本だと、縄文時代とか集団で狩りしてましたよね。
みんなで出かけてって、みんなでガーって一気に捕まえてきますよね。魚1匹だけ捕まえて「捕ったどー」ではみんなドン引きです。それじゃあ、足りないって。
捕まえられるだけ捕まえてくるはずですよね。魚の群れとかを一気にゲットするわけです。
みんなで頑張って狩猟してきたものっていうのは、いっぱいあるので、捕まえるときにいちいち数えてらんないわけです。それを学校で単複同形って習ったんですね。
ちなみに、horse は単複同形ではありません。馬は群れごと狩ったりしなかったのでしょう。ムリですよね。さらに乗馬として使ってれば1匹1匹を意識したのでしょうね。

音で覚える英単語

ふだんの単語の暗記とはちょっと視点を変えて、単語を音声から攻めていきましょう。

murmur「ぶつぶつ言う」/ mumble「もごもご言う」/ mum「しっ！ 静かに」

「まみむめも」って言ってみてください。マ行って唇がくっつきますよね。上の唇と下の唇が。英語の"m"の音も同じです。この唇がくっついて、なんか小声で「ぶつぶつ・もごもご言ってる」感じの単語がmurmur（ぶつぶつ言う）やmumble（もごもご言う）です。日本語訳の「ぶつぶつ」や「もごもご」にも、唇がくっつくときのバ行やマ行が使われているんです。

さらに"Mum!"っていうのは「しっ！ 静かに」って言葉なんです。mumの最後は"m"、つまりマ行ですから、きっちり唇を閉じてくださいね。英単語のもつ雰囲気が伝わってきませんか？

gargle「うがいする」

「ガラガラとうがいする」って意味です。"gargle"と「ガラガラ」の音がそっくりですね。しかもgargleのarは[ɑː]という音で口をおっきくあけて発音します（たとえばparkなんて聞き覚えがありますね）。

うがいのときは口をおっきくあけますよね。

irritate「イライラさせる」

"irritate"と「イライラ」の音が似ています。これはただの偶然だと思いますが、面白いし、覚えやすくなるので一緒にマスターしちゃいましょうね。

34. まぎらわしい形容詞の瞬間判別法
形容詞の語尾に注目!!

> "Anything essential is invisible
> to the eyes,"
> the little prince repeated,
> in order to remember.
>
> *The Little Prince* **Antoine de Saint-Exupéry**
>
> 「大切なものはみな、目に見えない」
> 王子さまは覚えようと何度もつぶやきました。
>
> 『星の王子さま』サン・テグジュペリ

『星の王子さま』のコトバには"invisible"があります。
実は -able、-ible で終わる単語には大きな特徴があるんです。

● -able / -ible は『受動』の意味になる

forgetful（忘れっぽい）/ forgettable（印象に残らない）など、まぎらわしくってイライラする形容詞を区別する方法をお話ししましょう。

動詞に -able / -ible がついたら、以下の２つの意味をもつんです。

-able / -ible で終わる形容詞　　①『可能』　②『受動』

まず、①可能「〜できる」って意味。これは誰でも知ってますよね。
逆に言えば、これしか知らないと、すっごくもったいないんです。
ぜひ次の②受動「〜される」、これを覚えてください。
-able、-ible は『受動』なんです。受け身の意味をもつんです。

では forgettable と forgetful の違いを考えていきましょう。
まず、forgettable 。
語尾の -able に注目してください。
-able、-ible は『受動』でしたね。
そうすると、forget は「忘れる」って意味ですから、
forgettable は「忘れている」「られている」どっちでしょうか？
カンタンですね。
語尾の -able に注目すれば「忘れられている」ってわかりますよね。
「忘れられている」→「**忘れられやすい**」「**印象に残らない**」になります。
たとえば "forgettable character" といえば「印象に残らない登場人物」
のことです。

今度は forgetful です。
語尾の -ful に注目してください。
-able / -ible は『受動』でした。
ということは、それ以外（-ful や -ous など）は受動ではないんです。
受動じゃないってことは……、

当然、『能動』に決まってますよね。

forgetful は「忘れている」「られている」どっちでしょうか？

『能動』だから「忘れている」ですよね。
"He is forgetful." は「彼は忘れっぽい」と訳します。
「忘れている」→「忘れっぽい」「もの忘れがはげしい」って意味ですが、無理して暗記しなくても大丈夫ですよね。

もう1ペアやりましょう。envious と enviable です。
ちなみに envy は「嫉妬する」って意味です。
そうすると、envious は "able" がついてないから、『能動』ですよね。
「嫉妬している」って訳せます。

次に enviable は『受動』ですね。
「嫉妬されるような」って訳せますね。
悪い意味に取ってしまいそうですが、嫉妬されるってことは、「うやらましがられる」ってことですよね。
たとえば「スタイルいいなぁ」とか、それぐらい**すごい**ってことです。
辞書にも「ねたましいぐらい良い」って書いてあります。

形容詞の語尾による意味判別

能動／受動　元の動詞	能動「～している」	受動「～されている」
forget「忘れる」	forgetful「忘れっぽい」	forgettable「印象に残らない」
respect「尊敬する」	respectful「敬意を示す・礼儀正しい」	respectable「尊敬すべき・立派な」
envy「うらやむ」	envious「嫉妬している」	enviable「嫉妬されるぐらい良い」
regret「後悔する」	regretful「残念に思っている」	regrettable「残念な・悲しむべき」

見出しの『星の王子さま』のコトバを見てみましょう。

Anything essential is invisible to the eyes.

invisible は、否定 in + visible（vision の形容詞）です。
……ですから「見られることはできない」くらいに考えれば OK です。
「見られることはできない」→「目に見えない」って訳します。
「大切なものはみな、目に見えない」という有名なコトバですね。

● -able / -ible で知らない単語も訳せちゃう

いままで -able / -ible は『受動』って知識だけでまぎらわしい単語を片付けてきました。さらにこの知識があると、飛躍的に単語力がつくんです。

She is likable.

likable って単語、知ってそうで知らない単語ですね。でもカンタン！
"like + able" なので「好かれるような人」、もうちょっとカッコつけると、「**好感がもてる**」とか「**感じがいい**」なんて訳せばいいんです。

まとめ
-able / -ible は『受動』で訳す!!

補足 形容詞の語順

参考書で形容詞の語順って見たことありますか？

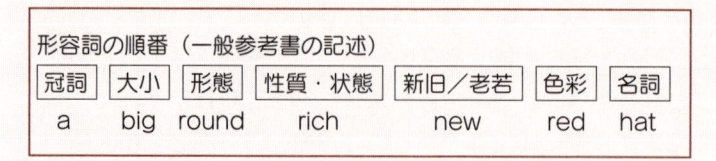

形容詞の順番（一般参考書の記述）						
冠詞	大小	形態	性質・状態	新旧／老若	色彩	名詞
a	big	round	rich	new	red	hat

安心してください。こんなこと覚えなくても大丈夫です。
ちょっと裏ワザを紹介します。

形容詞の語順っていうのは、左から右ですよね。
でもヒトの認知はその反対、つまり右から左なんです。
これさえ知っとけば、何も覚えなくても大丈夫なんです。

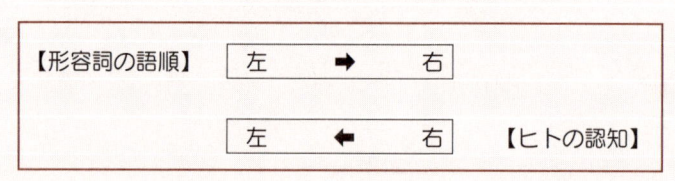

【形容詞の語順】	左 ➡ 右	
	左 ⬅ 右	【ヒトの認知】

実際にやってみましょう。次の4枚のカードを正しく並べ替えてみましょう。

| small | apples | green | two |

ヒトの認知は右から左で考えていきましょう。
たとえば、いまみなさんが小学校1年生で、おつかいに来たと思ってください。お母さんから頼まれたモノは、この4枚のカードを正しく並べ替えてできあがるモノです。スーパーマーケットの前で、頼まれたモノの売り場へ正しく行くためには4枚のカードから、まずはどのカードを引きますか？

| small | apples | green | two |

まぎらわしい形容詞の瞬間判別法【形容詞】

apples ですよね?
すると、人が最初に認知するものは、英語の語順では一番最後にくるはずなので、 apples は一番最後（一番右）にくるんです。
いきなり green 引いて、野菜売り場にダッシュして「なんだキャベツかよっ」なんて言いませんよね。
まず、絶対リンゴ売り場に行きますよね。
そのリンゴ売り場には色も大きさも、さまざまなリンゴがあります。

残った3枚のカード（ small   green   two ）から、次は何を引きますか?

はい、 green ですよね。青リンゴの売り場を目指すはずです。
大きさよりも、頭の中では「青いリンゴ」って色のことだけを考えますよね。
small 引いて、小さいリンゴを手に持ったまま「おいおい赤じゃね〜か」なんて人いませんよね。

さあ、残るカードは2枚（ small   two ）です。
どれでしょうか?

まさか two 引いて、「2コゲット。あれっ、このリンゴおっきいなあ」って言いませんよね。
正解は small ですね。小さいリンゴがある場所みつけますね。「いくつ?」なんて数のことなんか考えずに、大きさのことだけを考えますよね。
その後に two を引いて、「1コ、2コ」って持ってきますね。

┌─────────────────────────────┐
│ two   small   green   apples │
│   │
│ 正解： two small green apples │
└─────────────────────────────┘

念のため、左ページの参考書の記述で確認してみてください。
人間の脳ってすごいんですね。
ぜひ人の認知と逆ってことだけ知っといてください。

35. 頻度の副詞の位置
頻度の副詞を使いこなす

> Great deeds are usually wrought at great risks.
>
> Herodotus
>
> 偉業というのは、たいてい
> 大きなリスクを冒して達成されるものである。
>
> ヘロドトス

● **頻度の副詞はどこに置く？**

英文を書くときに always とか usually など**頻度の副詞**をどこに置くか？って困ったことはありませんか？
これ、ものすごくカンタンなんです。
さらに、この頻度の副詞、ことわざや偉人の名言にやたら使われるんです。マスターするといろんな場面で役立ちそうですね。

参考書には「頻度の副詞は、be動詞の後、助動詞の後、一般動詞の前に置く」って書いてありますが、忘れてください。そりゃあもうきれいサッパリと。

頻度の副詞の位置【副　詞】

まず、次の表を見てください。下へ行くほどパーセントが下がっていきます。

頻度の副詞 (パーセントはあくまで目安です)		
100%	always	いつも
80%	usually	たいてい
60%	often	しばしば
50%	sometimes	ときどき
10%	seldom / rarely	めったに〜しない
0%	not / never	〜しない

いま、この表には全部で8個の副詞があります。
この中で、「どこに置くか」っていう位置に関して、絶対の自信がある単語ってどれですか？　1つ言ってみてください。
予備校の教室でこの質問をするとこんな答えが多いんです。

生徒Ａさん「usually です」
生徒Ｂくん「often かな」

ホントかぁ〜？？？
みなさんもよ〜く見てください。
もっと絶対の自信をもてる単語があるのではないでしょうか？
表の下のほうに、中１からずっと練習してきた単語がありますよね。

そう、not です。not なんです。
not はいっぱい練習しましたよね。「否定文にしてみましょう」って。
つまり、**頻度の副詞は not と同じ位置**って覚えちゃえば、それでおしまいです。

● 頻度の副詞は not の位置に

参考書の説明「頻度の副詞は、be動詞の後、助動詞の後、一般動詞の前に置く」ってのを覚えなくても、not と同じってルールでいけることを確認してみましょう。次の英文で not がその位置に入ることを確かめてみてください。

① be動詞の後ろに not を置く　He is not a student.

見出しのヘロドトスのコトバには usually があります。be動詞 are の後ろにありますね。

Great deeds are usually wrought at great risks.

② 助動詞の後ろに not を置く　He can not play the piano.

In order to be irreplaceable,
one must always be different.
　　　　　　　　　　　　　　　　　Coco Chanel

かけがえのない人間となるために、
つねに他の人とは違っていなければならないのよ。
　　　　　　　　　　　　　　　　　ココ・シャネル

③ 一般動詞の前に not を置く　He does not live in Tokyo.

頻度の副詞の位置【副　詞】

Opportunity seldom knocks twice.

proverb

同じチャンスは二度とやってこない。

ことわざ

このように**頻度の副詞**は not と同じ位置ってことが確認できましたね。

> **まとめ**
>
> ### 頻度の副詞は not と同じ位置!!

補足 "-ly" で終わる単語は「すごく」って意味!!

山手線でいまどきの女子高生が大声で話してました
「A美って、あのコ、バカ細いよね～」

さて、A美ちゃんはどんなコでしょうか？
①バカなコ　②細いコ

どっちでしょう？
たぶんバ……そんなこと言っちゃいけません。
「バカ細い」って「バカで細い」ってことじゃないですよね？
「すごく細い」ってことですね。ここでは「バカ」＝「すごく」ですね。
「バカ正直」も「すごく正直」って意味ですよね。
これを文法的に考えてみましょう。
「バカ」は、「細い」を修飾してますね。「細い」って、品詞は何でしょうか？

形容詞ですよね。
形容詞を修飾してるってことは、この「バカ」の品詞は何でしょうか？

| バカ | ➡ | 細い |
| 副詞 | ➡ | 形容詞 |

副詞ですね。形容詞を修飾するのは副詞です（244ページ参照）。
このように、副詞には直後の言葉を強調する働きがあるんです。
だから、「バカ細い」の「バカ」は強調の働きがあります。

たとえば、外国人がこの会話を聞いて「あのコ、バカでホソイのですカ〜!?」って言ってきたら、「そうじゃない!!」って言いますよね。
別に「バカ細い」じゃなくても「超細い」「死ぬほど細い」「果てしなく細い」でも何でもOKですよね。全部同じですね、言ってることは。
これを英語に応用するとメチャおいしい裏ワザのできあがりです。

"-ly" で終わる副詞は「すごく」って訳せばOK!!

たとえば、"exceptionally lucky" は「すごく運が良い」って訳せばいいんです。
exceptionally じゃなくても extraordinarily / extremely / tremendously / incredibly でもいいんです。
知らない -ly を見たら「すごく」って訳してみてください（もちろん言葉ですから多少の例外はありますが、このワザ、かなり使えます）。驚くほど使えて英文読むのがラクになります。

36. "so 〜 that ... 構文"

ネイティブが "so 〜 that ... 構文" に気づく理由(わけ)

> I have never met a man so ignorant that I couldn't learn something from him.
>
> **Galileo Galilei**
>
> 何も学ぶことがないほどおろかな人など
> 私はいままで一度も出会ったことがない。
>
> ガリレオ・ガリレイ

ガリレオのコトバには "so 〜 that ... 構文" が使われています。「とても〜なので…」って覚えたかもしれませんが、その訳ではうまく訳せないですよね。今回は "so 〜 that ... " の正しい考え方をお話ししましょう。

● ネイティブは "so" が気になる

「それほどつらかったんです」

この言葉を聞いて、みなさんツッコミますよね？
「それほどって、どれほどだよ？」って。この自然なツッコミが、"so 〜 that ... 構文"をマスターするカギなんです。
実は"so"って「それほど」って意味なんです。

He is so tall. 「それほど背が高い」

こう言われたらどう思いますか？
「それほど」って「どれほど？」ってツッコミますよね。
その「どれほど？」に答えるのが"that ... "なんです。

He is so tall that his head hits the ceiling.
「それほど背が高い」→「（どれほどかというと）天井に頭ぶつけるほど」

だから、ネイティブは so を見ると「どれほど？」ってのが気になって頭から離れない。so を見たら that を探しながら文を読んでいるんですね。

見出しのガリレオのコトバを「それほど」で考えてみましょう。

I have never met a man so ignorant ➡ that 〜.
「それほど無知な人にあったことがない」→「（どれほどかというと）〜なほど」

これを意訳して「何も学ぶことがないくらいおろかな人など、私はいままで一度も出会ったことがない」という意味がとれれば OK です。「どんな人であれ、その人から学ぶことは必ずある」っていうメッセージです。

"so ～ that ... 構文"【接続詞】

● "so" は「それほど」と考える

She is not so old as she looks.　「彼女は見た目よりも年はとっていない」

"not so ～ as ..." 「…ほど～じゃない」って聞いたことあるかもしれません。この so を「それほど」って考えて、前から訳してみましょう。

She is not so old ➡ as she looks.
「それほど年とってない」→「見た目ほど」

> **まとめ**
> so は「それほど」って訳す!!

リスニングも理屈から（その1）

リスニングで"should have"を「シュッド・ハヴ」なんて聞こえることはまずないと考えてください。決して「みなさんの耳にそういうふうに聞こえない」のではなく、最初からネイティブはそんな言い方してないのです。

should have の"h"は消えて、「シュダヴ」「シュダ」と発音されます。

He should have been more careful. 「もっと注意すべきだったのに」

みなさんは"have"を「ハヴ」と発音するって習いましたよね。
ここに大きなミスがあったんです。
"have"のようによく使われる単語には、実は2種類の発音があるんです。
ひとつはみなさんご存知の「ハヴ [hæv]」、もうひとつは「ァヴ [əv]」です。なんとふだんの会話ではこの「ァヴ [əv]」を使うんです。
ですから"should have"は「シュッド・ハヴ」ではなく「シュッド＋ァヴ」→「シュダヴ」としか聞こえないのです。

もう少し詳しくお話ししましょう。
この2種類の発音を専門用語で強形と弱形といいます。
ためしに辞書で have をひいてみてください。発音のところに《強》や《弱》って2種類の発音がのってますよね。

> 強形：特別な場面での発音。強調したりするときの丁寧な発音
> 弱形：ふだんの発音。特に強く読む必要がないときの発音

気づきましたか？
ふだんの会話で使われるのは弱形なんです。
ところが学校で教わるのは強形のみ……。

column

だから実際にネイティブが弱形でしゃべってるのを、ボクたちは「その単語が聞こえない」と言ってしまうのです。

では"should have"をさらに詳しく見ていきましょう。

"should have"の実際の発音「シュダヴ」「シュダ」

> ① have の"h"が消失「シュダヴ」
> ② さらに"should ha<u>ve b</u>een"などの形のときは、下線部の"ve"と"b"が似ているので"ve"も消えることがあります。このときは「シュダ」と読まれます。

以上のように、"should have"は「シュダヴ」もしくは「シュダ」としか読まれないのです。
ちなみに、「シュダ」という発音もよく使われることの証拠として、辞書で"shoulda"って単語をひいてみてください。"shoulda = should have"とのっていますよ（ただし一部の英和や英英に限られます）。こんな単語があるなんて意外な発見ですよね。

「have は、はっきり「ハヴ」とは聞こえない」ということを知っているのが大事なのです。とかくリスニングになると「聞こえないからダメ」と思ってしまいますが、このように「聞こえない」どころか「最初からそうは言ってない」なんてことがよくあるんです。
"have"の"h"は聞こえないんです。そんなときは「バッチリ聞こえなかったぜ!!」って思ってくださいね。

37. 関係詞の基本構造
返り読みしない関係詞の訳し方

> The heart has reasons
> which reason cannot understand.
>
> Blaise Pascal
>
> 人の心には
> 理屈では説明のつかないものがあるのです。
>
> パスカル

● 読解のスピードアップ!!　関係詞を代入法で訳す

パスカルのコトバには関係代名詞 which があります。
関係詞（関係代名詞と関係副詞）がわかると英文がものすごく読みやすくなります。構文を把握する力がぐ〜んと伸びるからです。
では、関係詞の目標を2つあげましょう。

目標①　「関係詞は前の名詞を修飾」って働きを理解する!!
目標②　左から右へ、返り読みせずに訳していく!!

非常に残念なことに、世間では「日本人が速読できないのは返り読みしているから」という不満が数年前から爆発しました。「返り読みをさせる関係詞がいけないんだ」ってことで関係詞を（もっと言えば英文法全体を）いい加減に扱いだしたのです。

たしかに関係詞の最終目標は**返り読みしないで左から右へ読むこと**です。しかしそのためには**きちんと関係詞を理解する**ことが絶対に必要なんです。関係詞の構造を120％きちんと理解した、その延長線上にのみ**返り読みせずに読める**というゴールが待っているのです。

● 関係代名詞は「形容詞のカタマリ」をつくる

関係代名詞は、直前にある名詞に関係をもたせる、つまり前の名詞を修飾（説明）するものなんです。名詞を修飾する品詞は形容詞です（244ページ参照）。**関係代名詞は形容詞のカタマリ（形容詞節）をつくります。**

an uncle who lives in Canada ［カナダに住んでいる］叔父

この場合、 who lives in Canada が直前の an uncle を修飾しています。英語では直前の名詞を修飾する（後ろから前に矢印が向く）のが特徴です。

🖋 日本語は直後の名詞を修飾する（前から後ろに矢印が向く）んでしたね。

では、an uncle who lives in Canada のように、**単語の後ろに、関係代名詞のカタマリがくっついて説明する**、その仕組みを体感していきましょう。この講を読み終わったころには景色が違って見えるはずです!!

🖋 ここから少しだけ単純作業が続きます。少しダルい内容ですが、ボクはあえてこの本でイチから説明したいと思います。ここがガマンのしどころです。一気にやって、関係詞を完全マスターしちゃいましょうね。

● 主格を使って文をつなげる

以下の２つの文を次の手順に従って、１文にしてみましょう。

I have an uncle. ＋ He lives in Canada.

① 同じものをさす言葉に下線を引く
I have an uncle. He lives in Canada.
　→an uncle と He は同じ人をさしますよね。

② 下線のうち、代名詞（He）を関係代名詞にする
　　→どの関係代名詞を使うかは次ページの表を参照
I have an uncle. He lives in Canada.
　　　　　　　　　↓ → He は主語なので主格の関係代名詞 who に代える
　　　　　　　who

③ 関係代名詞を含む文（後ろの文）を、先行詞（最初に下線を引いた言葉。
　　ここでは an uncle）の直後にくっつける
I have an uncle. ＋ who lives in Canada.

完成：I have an uncle who lives in Canada.

このように主語だったものが関係代名詞になった場合、
これを**主格の関係代名詞**と呼びます。

関係詞の基本構造【関係詞】

先行詞＼格	主格	目的格	所有格
人	who	whom	whose
人以外（物や動物）	which	which	whose

⚡ whose 以外すべて『that で代用可能』

● 目的格を使って文をつなげる

手順は主格の場合と同じです。以下の２文を１文にしていきます。

This is the book. ＋ I bought it yesterday.

① 同じものに下線を引く

This is the book. I bought it yesterday.

→the book と it は同じ物をさしますよね。

② 代名詞を関係代名詞にする

This is the book. I bought ✗ yesterday.

　　　　　　　　　　　↓　　→ it は目的語なので，目的格の関係代名
　　　　　　　　　which　　　詞 which に代えます

③ 関係代名詞を文の先頭にもってくる。

This is the book. which I bought　yesterday.

主格の場合と唯一違うのがここです。関係代名詞は文と文をくっつける接着

剤なので、ちゃんと２つの文の間にもってきてください。

④ 関係代名詞がある文を、先行詞（the book）の直後にくっつける

This is the book. ＋ which I bought yesterday.

完成：This is the book which I bought yesterday.

このように目的語だったものが関係代名詞になった場合、
これを**目的格の関係代名詞**と呼びます。
注意：it は which に代わったので、it を残さないように気をつけてください。
（×）　This is the book which I bought it yesterday.
（◎）　This is the book which I bought φ yesterday.
　　　　　　　　　　　　　　　↑ it が欠けてるのが正しい!!

● １つの文を２つに分けて訳す

返り読みせずに、左から右へ訳していくと、読むスピードが上がりますよ。

手順は３つ。

> ① 関係詞の直前で文を区切る
> ② 先行詞を関係詞に代入する
> ③ 関係詞（先行詞を代入したもの）を適切な場所へ戻す

では具体的に確認していきます。

① 関係代名詞 whom の直前で区切る

関係詞の基本構造【関係詞】

He is the man / whom she loves.

② 先行詞（the man）を whom に代入

He is the man / whom she loves.

③ whom は目的格なので、目的語の位置へ戻す

He is the man / the man she loves ☐ .

さあ、訳してみましょう。
He is the man / she loves the man.
「彼は男性」　　/「彼女はその男性が好き」

> 今回のように単純な文のときは多少不自然な訳に思えるかもしれませんが、この『代入する訳し方』は複雑で難しい文のときほど威力を発揮するんです。さらに、返り読みせず左から右へ読んでいくので、読むスピードが上がります。

実は、この代入法のポイントは、**１文を２文に分けて訳す**だけ。つまりいままで２文を１文にくっつける練習をしましたが、その逆のことをやっているだけなんです。ここでさっきまでやった２文を１文にするジミ〜な練習が花開くわけです。
２文に分けるってことを意識しながら、見出しのパスカルのコトバを代入法で訳してみましょう。

①関係代名詞 which の直前で切って、②先行詞（reasons）を which に代入

The heart has reasons / which reason cannot understand.

③ which は目的格なので、目的語の位置へ戻す

The 〜 reasons / reasons reason cannot understand ▢ .

訳してみましょう。

The heart has reasons / reason cannot understand reasons.
「人の心には理性がある」／「理屈ではその理性が理解できないのです」

とかく何でも理屈で割り切ろうとする学者に対して、世の中の仕組みを理屈で解明していく物理学者のパスカルが、「人間の心には割り切れないものがあるんだ」って語るところが奥深いですね。

> **まとめ**
> **関係代名詞を見たら、『切って、代入』で訳す!!**

38. 関係代名詞の省略の見抜き方

関係詞がわかれば読解がラクになる!!

> Experience is the name
> everyone gives to his mistakes.
>
> **Oscar Wilde**
>
> 失敗したら、その失敗に名前をつけよう。
> 経験という名前を。
>
> オスカー・ワイルド

● "名詞＋ S V" を見たら関係代名詞の省略

英文を読んでいれば必ず出会う**関係代名詞の省略**についてお話しします。**省略できるのは目的格だけ**です。

"先行詞（＝名詞）　~~目的格の関係代名詞~~　SV"
　　　　　　　　　↓ 省略
　　　　"名詞　SV"　→ "名詞＋SV"の形が残りますよね。

したがってこのルールを逆手にとれば、**"名詞＋ SV" を見たら関係代名詞の省略**というルールができあがります。先行詞は必ず名詞ですよね。

例文を見てみましょう。

This is the book ~~which~~ I bought yesterday.
　　　　　　　　　↓ 省略
This is the book　×　I bought yesterday.

完成：This is the book I bought yesterday.
　　　　　　　　　名詞＋　S　V
代入法での訳：「これは本です」「昨日それを買いました」
　　　　　　→「これは昨日買った本です」

見出しのオスカー・ワイルド（1854〜1900）のコトバにも"名詞＋ SV"の形がありますね。

Experience is the name everyone gives to his mistakes.
　　　　　　　　名詞　　＋　S　　　V

「経験とは名前のことだ」/「誰もが自分の失敗にその経験という名前をつける」→「経験とは、誰もが自分の失敗につける名前のことだ」

● "前置詞＋関係代名詞" はワンセット

さらに応用として**前置詞＋関係代名詞**もマスターしちゃいましょう。
ここまで読んできたみなさんならカンタンにマスターできます。
実はもうすでに基本を習得してるからです。さっそくやってみましょう。

関係代名詞の省略の見抜き方【関係詞】

以下の２つの文を１文にしていきます。

| This is the house. | + | He lives in it. |

①同じものに下線を引いて、②代名詞を関係代名詞にする

This is <u>the house</u>. He lives in ~~it~~.
↓
which

it は、前置詞 in の目的語なので、目的格の関係代名詞 which でしたね。

③ 関係代名詞を文の先頭にもってくる

This is <u>the house</u>. which he lives in   .

④ 関係代名詞を含む文を、先行詞 (the house) の直後にくっつける

This is <u>the house</u>. + which he lives in.

完成： **This is the house which he lives in.**
　　　　「これは彼が住んでいる家です」

「なんだ、いままでと同じじゃん」って思いますよね。でも、ここから少〜しだけ変わります。少しだけ。もう一度、上の③のところに戻りましょう。

③関係代名詞を文の先頭にもってくる

This is <u>the house</u>. He lives in which .

【関係詞】

さっきは which だけ先頭にもっていきました。今度は下の ▢ に注目してください。

This is the house.　　He lives in which .

もともと "in it" でカタマリをつくってたわけですから、
これが "in which" になっていつも一緒、**移動も一緒**ってのもアリなんです。ですから in which ごと先頭へもっていっちゃえ!!と思えば次の文ができあがります。

完成：**This is the house in which he lives.**

このように、前置詞と関係代名詞をセットで先頭へもっていくこともできるのです。

| 関係代名詞だけ先頭へ | ①This is the house which he lives in. |
| 前置詞とセットで先頭へ | ②This is the house in which he lives. |

前置詞＋関係代名詞についてはこれだけです。
カンタンですよね（ちなみに訳し方は同じです）。

まとめ

① "名詞＋SV" は『関係代名詞の省略』!!
② "前置詞＋関係代名詞" をセットで前に移動しても OK!!

39. 関係副詞の基本構造
関係副詞も形容詞節をつくる

> I have a dream that my four little
> children will one day live in a nation
> where they will not be judged
> by the color of their skin
> but by the content of their character.
>
> **Martin Luther King, Jr.**
>
> 私には夢がある。
> いつの日か私の幼い4人の子供たちが
> 暮らす国では、肌の色ではなく
> 人間性で判断してもらえるという夢だ。
>
> キング牧師

● 関係副詞を使って文をつなげる

キング牧師（1929〜1968）の有名なコトバには関係副詞 where が使われています。
実は関係副詞も、関係代名詞と同じように形容詞節をつくるんです。

では、その仕組みを体感していきましょう。まずは関係代名詞の復習から。

| Kyoto is a city. | ＋ | Many old temples still remain in it. |

2パターンの文ができあがりますよね。

① Kyoto is a city |which| many old temples still remain in.
② Kyoto is a city |in which| many old temples still remain.

さらに"in itという副詞句"＝"there という副詞"って考えてみましょう。

Kyoto is a city. ＋ Many old temples still remain |there|.
　　　　　　　　　　　　　　　　　　　　　　　　　　　＝
　　　　　　　　　　　　　　　　　　　　　　　　　　|in it|

there は副詞なので、ここで関係副詞の登場です。

Kyoto is a city. ＋ Many old temples still remain ~~there~~.
　　　　　　　　　　　　　　　　　　　　　　　　　　　↓
　　　　　　　　　　　　　　　　　　　　　　　　　　|where|

次に、関係代名詞と同じように、where を先頭に出して、先行詞の直後につなげます。

完成：**Kyoto is a city where many old temples still remain.**

これで完成です。カンタンでしたね。

関係副詞の基本構造【関係詞】

先行詞	例	使うべき関係副詞
『場所』	place	where
『時』	time	when
『理由』	reason	why
『方法』	way	how

🖊 the way か how のどちらかを必ず省略

● 関係副詞も形容詞節をつくる

以下の3つの文は『同じ意味』になります。
① Kyoto is a city which many old temples still remain in.
　　　　　　　　　→関係代名詞だけ先頭へ
② Kyoto is a city in which many old temples still remain.
　　　　　　　　　→前置詞とセットで先頭へ
③ Kyoto is a city where many old temples still remain.
　　　　　　　　　→関係副詞になって先頭へ
「京都は いまだに、たくさんの古いお寺が残っている 街です」

したがって、**関係副詞も関係代名詞と同じように形容詞節**をつくります。
つまり、直前にある先行詞（ここでは a city）を修飾するんです。
まちがっても関係副詞だから副詞節なんて考えないでください。
形容詞節です。これが関係代名詞と関係副詞の共通点です。

見出しのキング牧師のコトバには、関係副詞 where が使われています。

where 以下が先行詞（a nation）を修飾しています。

my four little children will (one day) live in a nation where 〜.
　　　　　S　　　　　　　　　　V
「私の子供が、〜という 国に住むはずだ」

もちろん関係副詞にも代入法が使えますよ。
「私の子供は、ある国に住むはずだ」/「その国では、〜だ」って考えればOKですね。

> **まとめ**
> 関係代名詞と同様に、関係副詞も形容詞節をつくる。訳すときは代入法!!

関係代名詞 what

what は名詞節をつくる

> Undertake not what you cannot perform
> but be careful to keep your promise.
>
> George Washington
>
> できないことは約束しない。
> いったん約束したことは必ず果たしなさい。
>
> ジョージ・ワシントン

● 関係代名詞 what は名詞のカタマリをつくる

ワシントン（1732〜1799）のコトバには関係代名詞 what がありますね。この what、他の関係代名詞（who や which など）とはちょっと違うんです。

まずは復習です。関係詞は何節をつくるんでしたか？
形容詞節でしたね。

ところが!!

what は**名詞節**をつくるんです。
参考書にも「先行詞を含む、特殊な関係代名詞」と書いてあります。
「先行詞（＝名詞）を含む」＝「what は名詞のカタマリ（名詞節）をつくる」って考えてください。

He'll buy me the thing which I want. →先行詞はthe thing
　　　　　　　　　　↓
= He'll buy me what I want.

what を訳すときは「もの・こと」って訳せば OK です。
名詞節をつくる → ふつうの名詞と同じように訳せばいいわけです。
ですから、大切なことは what は**名詞節をつくる**ってことだけなんです。

何節をつくる？	who / which / whom	what
	形容詞節	名詞節

見出しのワシントンのコトバを見てみましょう。

Undertake not what you cannot perform but ～.

what you cannot perform という関係代名詞 what のカタマリは名詞節をつくります。「～すること」って意味ですね。
　「できないこと」って訳せば OK です。

> "Undertake not ～" = "Don't undertake ～" です。さらに "not ～ but ..." は「～ではなく…だ」という意味です。

直訳は「できないことを引き受けるのではなく」になります。

関係代名詞 what【関係詞】

まとめ

関係代名詞 what は『名詞節』、
「〜すること」って名詞っぽく訳す!!

リスニングも理屈から（その２）

その１に続いて、もうひとつ、リスニングを理屈から攻めていきましょう。

[t] の音は、濁って [d] の音になります（これはアメリカ発音で、濁る現象を専門用語では**有声化**と言います）。
基本的に、母音にはさまれた [t] は濁音化すると考えてください（細かい例外もありますが気にしなくて大丈夫です）。

たとえば "better" は下線部が [d] になる。「ベター」ではなく「ベダー」って音です。
これを世間では「ベラー」になるって言ってます。みなさんも聞いたことあると思いますが、タ行がラ行になるってのは少し飛躍していませんか？
実は、タ行がダ行になっているだけなんです（たしかにダ行とラ行は似ています。そのむかし pudding が「プディン」ではなく「プリン」と聞こえてしまったわけですからね。今度プリン食べるときふたをよ～く見てみてください。"pudding" って書いてあるかもしれませんよ）。
タ行がダ行に濁音化する文を見てみましょう。

"Check it up!"（調べてごらん）を「チェキラ」って聞いたことありますよね。

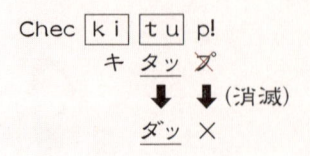

```
Chec ki tu p!
     キ  タッ プ
        ↓  ↓ (消滅)
        ダッ ×
```

ホントは「チェキダッ」って発音なんです。
いま、ちょっと言ってみてください。"Check it up!"「チェキダッ」って。

column

なんかカッコよく聞こえませんか？　正しい発音だからですよ。

わかりますね、これを世間ではチェキラと言ってるんです。

"Shut up!" も同じです。「シャラップ」ではなく「シャダッ」って感じなんです。

Shu [t u] p!
　　　タッ ヌ
　　　↓　↓ (消滅)
　　　ダッ ✕

他にも以下のようなものを知っておくとリスニング力が上がりますよ。

water	「ウォーダー」
better	「ベダー」
butter	「バダー」
matter	「マダー」
Saturday	「サダデイ」
party	「パーディー」
waiter	「ウエイダー」
What is it?	「ワッディズィッ」
about it	「アバウディッ」

関係詞 41. -ever がついた複合関係詞

名言によく使われる『複合関係詞』
覚えることは2つだけ!!

Whoever is in distress can call on me,
I will come running wherever they are.

Princess Diana

悩みを抱えてるのなら
誰でも私のことを頼りにしてくれていいのよ。
どこにいたって駆けつけるわ。

ダイアナ妃

ダイアナ妃（1961〜1997）のコトバには whoever や wherever といった、-ever がついた関係詞がありますね。これ、覚えることは2つだけなんです。

● -ever がついたら形容詞節だけはつくらない

まずは復習です。**関係詞は基本的に形容詞節をつくります**よね。
でも関係代名詞と呼ばれながら形容詞節をつくらないのは何でしたか？

前回やった what ですよね。what は**名詞節**をつくる。形容詞節はつくらない。
実は、形容詞節をつくらない関係詞が、もうひとつだけあるんです。
それが **-ever のついた複合関係詞（-ever）**なんです。

whoever、whatever など関係代名詞に ever がくっついた（複合した）ものを複合関係代名詞といいます。
関係副詞に ever がつけば複合関係副詞です。

> 複合関係代名詞 → whoever / whomever / whatever / whichever
> 複合関係副詞　 → whenever / wherever / however

メンドくさそうに見えますが、安心してください。
覚えることはたった2つだけです。まずひとつめ。構文のとり方から。

-ever がついた複合関係詞は形容詞節だけはつくらない

「じゃあ何節をつくるんだ？」と言われちゃいそうですが、それは無理して覚えなくても大丈夫です。英文を見ればわかるんです。次の英文の構造（SV）を把握して、whoever が何節をつくってるか考えてみてください。

> ① Whoever breaks this law will be punished.
> ② Whoever may object to this plan, I will carry it out.

①から考えてみましょう。

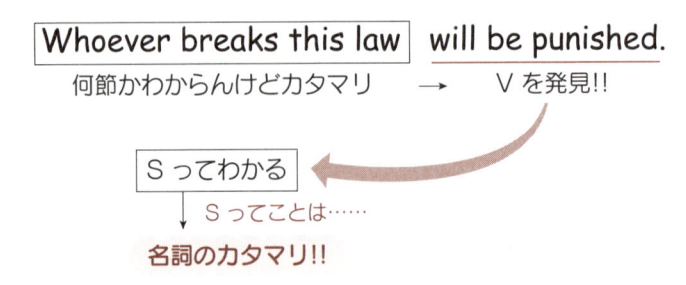

Whoever breaks this law	will be punished.
何節かわからんけどカタマリ　→	Vを発見!!

Sってわかる
↓ Sってことは……
名詞のカタマリ!!

Whoever breaks this law は S になるから**名詞節**になります。
S や O になるのは**名詞**でしたね（244ページ参照）。
では次に②です。

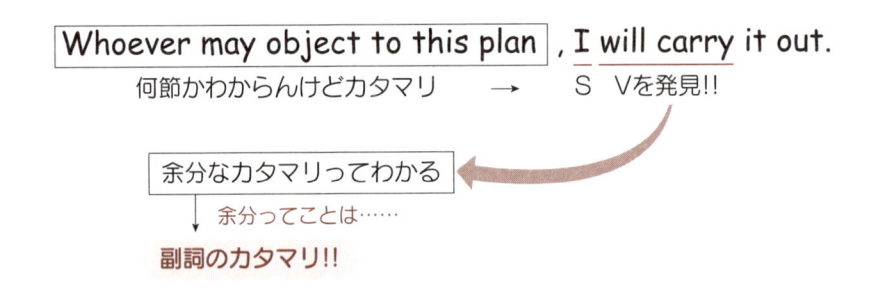

Whoever may object to this plan	, I will carry it out.
何節かわからんけどカタマリ　→	S Vを発見!!

余分なカタマリってわかる
↓ 余分ってことは……
副詞のカタマリ!!

Whoever may object to this plan は後ろに SV があるので余分な要素、つまり**副詞節**になります。**余分な要素は副詞**でしたね（244ページ参照）。これだけです。-ever がついた複合関係詞は名詞節と副詞節をつくるんですね。

> 正確に言えば複合関係副詞（whenever など）は副詞節しかつくらないんですが、無理して覚えなくても、-ever がついたら形容詞節にはならない。あとは英文の形で判断するって覚えとけば、困ることは絶対にありませんよ。

● -ever がついたら『譲歩』で訳す

訳すときは**譲歩**ってことだけ覚えてください。
譲歩ってのは「**たとえ〜しても**」って意味になります。
　"〜"の部分に who（誰）や what（何）などの意味を入れれば OK です。
さきほどの英文で確認してみましょう。

Whoever breaks this law will be punished.
「たとえ誰がこの法律を破ろうとも、その人は、罰せられます」

　　　🖊 名詞節の場合も**譲歩**「たとえ〜しても、その人」って**名詞化**すればよいのです。

Whoever may object to this plan, I will carry it out.
「たとえ誰がこの計画に反対しようとも、実行するつもりだ」

見出しのダイアナ妃のコトバを見てみましょう。

Whoever is in distress can call on me,
「たとえ誰が困っていても、その人」→「困っている人は誰でも」

I will come running wherever they are.
　　　　　　　　　　　「たとえどこにいようとも」

-ever を使って譲歩した後には、話し手の主張がきます。
ですから強く主張する偉人のコトバには -ever がよく使われるんです。

Whatever you do will be insignificant,
but it is very important that you do it.
                                    Mahatma Gandhi

人は何をしたって、それは些細なことである。
しかしそれをするということ自体がとても大切なことなのだ。
                                    ガンジー

では複合関係詞を表でまとめてみましょう。

	複合関係代名詞	複合関係副詞
形	副詞節／名詞節	副詞節
意味	譲歩「たとえ〜でも」	

> **まとめ**
> 複合関係詞（-ever）は、『形容詞節だけはつくらず』、『譲歩』で訳す!!

42. 関係形容詞の基本構造

疑問詞と関係詞は使い方が同じ

> I think music in itself is healing.
> It's an explosive expression of humanity.
> No matter what culture we're from,
> everyone loves music.
>
> **Billy Joel**
>
> 音楽それ自体が癒しなんだと思う。
> 音楽は人間性を激情的に表現したものだ。
> 背景とする文化なんて関係ない。
> みんな音楽を愛してるんだ。
>
> ビリー・ジョエル

● 関係形容詞は中1の知識で十分

関係形容詞って聞くだけで「わけわかんない」ってのがふつうですよね。
でも安心してください。中学1年の知識だけで理解できますから。
中1のとき、疑問詞 what を習いましたね。
実は疑問詞と関係代名詞って使い方が同じなんです。

まずは疑問詞の復習から始めましょう。

次の英語の質問に答えてくださいね。

What do you like? 「何が好き？」

どうですか？　まあ、答えられなくもないけど、なんか漠然とした質問ですね。
では、もう少し具体的な英文にしてみましょうか。

① **What do you like?** 　　　　「何が好き？」
　　↓もっと具体的に　　　　　　　↓
② **What fruit do you like?** 　「どんな果物が好き？」

これで答えやすい質問に変わりました。
What だけだと漠然としてるので、直後に名詞 fruit をくっつけて、"What fruit" にしただけです。
たとえるなら What が What fruit にふくらんだイメージです。

文法的に考えると、①の Whatは、like の目的語になっている（つまり名詞の働き）ので**疑問代名詞**です。
②の What は疑問詞ではありますが、今度は直後にある fruit って名詞を修飾してる（つまり形容詞）ので**疑問形容詞**です。
これだけです。この知識を確認したら、関係代名詞 what へいきますよ。

③ I gave him ｜what｜ I had.　　　「持っている ｜もの｜ を彼にあげた」
　　　　　　　　↓もっと具体的に　　　　　　　↓
④ I gave him ｜what money｜ I had. 「持ってる｜もの、つまりお金｜をあげた」

さっきと同じですね。
what だけだと漠然としてるので、直後に名詞 money をくっつけて
"what money" にしたんです（訳すときは what を無視してかまいません）。

文法的に考えると、③は**関係代名詞**の what です。
④の what は関係詞ではありますが、今度は直後にある money って名詞を修飾してるので**関係形容詞**って呼ばれるんです。

● 複合関係形容詞は『譲歩』の意味を加えるだけで OK

複合関係形容詞なんて言葉、聞くのもイヤですよね？
でも複合関係形容詞って文字をよ〜く見てください。
複合ってことは関係形容詞 what に何が付け足されるんでしたっけ？

そう、**-ever** ですよね。whatever で複合関係形容詞です。
では例文を見てみましょう。
さっきの③と④の英文に -ever をくっつけるだけです。

③ I gave him ｜what｜ I had. → ⑤ I gave him ｜whatever｜ I had.
　　　　　　　　↓具体化　（-ever をつける）　　　　↓具体化
④ I gave him ｜what money｜ I had. → ⑥ I gave him ｜whatever money｜ I had.
　　　　　　　　　　　　　　（-ever をつける）

-ever がついただけで、実は文法構造は何も変わってませんよね。
⑤の whatever は"関係代名詞 what" + "ever" なので**複合関係代名詞**です。
⑥の whatever は"関係形容詞 what" + "ever" なので**複合関係形容詞**と呼ばれます。

訳し方は -ever がついたわけですから**譲歩**の意味を加えるだけで OK!!
これもふつうの複合関係詞と一緒ですね。

⑤ I gave him whatever I had.
　　「持ってる ものは何でも 彼にあげた」
⑥ I gave him whatever money I had.
　　「持ってる お金は、どんなお金でも 彼にあげた」

⑥の複合関係形容詞 whatever は名詞節をつくっています。
もちろん副詞節もつくります。他の複合関係詞と同じですね。

次の文は副詞節をつくる例です。

Whatever man told you the story, it cannot be true.
「たとえどんな人がその話をしたとしても、その話が本当のはずがない」

さらに、-ever は副詞節をつくるときだけ "no matter 疑問詞" で書き換えができます。
見出しのビリー・ジョエルのコトバには "No matter what" がありますね。

No matter what culture we're from, everyone loves music.
= Whatever culture we're from, everyone loves music.

関係形容詞の基本構造【関係詞】

直後に culture という名詞があるので**複合関係形容詞**ですね。
直訳は「われわれがたとえどんな文化を背景にしていようが、みんなが音楽を愛しているんだ」になります。

> **まとめ**
>
> 『関係形容詞』は "what" が
> "what ＋ 名詞" になっただけ!!

【関係詞】

なぜ英単語のスペルは難しいのか？

単語が覚えられない理由のひとつに「スペルと読み方が違う」ってのがあげられますよね。なぜこんなにも違うのか？
大きな理由が2つあります。

理由① 歴史的背景　大母音推移と印刷術の発明

はるかむかし、イギリスでは、単語の発音とスペルは同じだったんです（たとえ発音が変わっても、それに合わせてスペルも変えていったんです）。
たとえば"name"はそのまま「ナーメ」、stoneは「ストーネ」って読めばよかったんです（ホント、ボクたちいまの日本人から見ると、それはそれはうらやましい時代でした）。

ところが15世紀に『大母音推移』という現象が起きました。
なんかスケールの大きい名前ですよね。これは母音の読み方が大きく変わってしまった現象です（専門的に言うと、長母音が二重母音に変化しました）。

```
ex.  name   変化前（ナーメ）  →  変化後（ネイム）
     stone  変化前（ストーネ） →  変化後（ストウン）
```

この大母音推移によって、現在の発音に変わってしまったんです。

また、同じ15世紀に印刷技術が発明され、すぐに導入されました。
印刷技術により、単語が全部活字になっちゃってスペルが固定化されちゃうんです。もう「発音が変わったからスペルも変えちゃおう」なんて気軽にできなくなっちゃったんです。

そして、なんと!!
この時代のイギリスでは何が起きていましたっけ？

そう、大母音推移の真っ最中だったんです。
印刷技術でスペルが固定化されたのに、発音はどんどん変わってしまうんです。ということで、スペルと読み方に、それはそれは大きな大きなギャップができちゃったんです。
そして、その大きなギャップを抱えたまま現在の英語があるのです。

理由②　26文字しかないアルファベットの工夫

子供のころ「漢字ヤダなあ〜」って思ったことありませんか？
「英語はいいよな〜、だって26文字しかないんだぜ」なんて言う同級生もいましたよね。
でも、もし漢字がなくなったら大変ですよね。

「おかんがはしる」

これ、漢字で書き直してみてください。

「悪寒がはしる」ですよね。
「オカン（母）」はめったに走りません。

かんじをつかわないとぶんしょうよむのにくろうするんですよね。
（漢字を使わないと文章読むのに苦労するんですよね）

一方、アルファベットは26文字しかありません。しかし、26文字しかないからこその苦労もあるんです。
たった26文字ではたくさんの音を表現できない。
そこで、26の文字を組み合わせていろんな音をつくり出したんです。

たとえば"c＋h"をくっつけて化学反応を起こす。
"ch"は「チ」や「ク」って読むルールをつくったんです。
"oo"も「オオ」とは読みませんね。"wood"や"food"でわかるとおり「ウ」か「ウー」です。だから"yahoo!"も「ヤフー」って読むんです。
このように、英語のスペルには規則的なルールがたくさんあるんですよ。

ちなみに、文字と、その読み方がちがうのは日本語だって同じです。
「体育」は「たいいく」って習いましたよね。でも実際は「たいく」って発音してるはずです。
「昨日、佐藤くんが伊藤くんと柔道した」って声に出して読んでください。

「き<u>のう</u>、さ<u>とう</u>、い<u>とう</u>、<u>じゅうどう</u>」
　　（ノー）　（トー）　（トー）（ジュードー）

ほら、実際の読み方は違いますよね。
私たち日本人も子供のころ、いろいろ苦労していたんですね。

巻末付録

──文法の補足・語彙リスト

文法の補足・語彙リスト

時制

進行形にできない動詞

> 5秒ごとに中断・再開ができない動詞（20ページ参照）

❶ 『状態』や『構成』を表す動詞

- belong　　「属している」
- contain　　「含んでいる」
- own　　「持っている」
- consist of　「構成されている」
- have　　「持っている」
- resemble　「似ている」

❷ 『知覚』・『心理』を表す動詞

- hear　　「聞こえる」
- smell　　「においがする」
- see　　「見える」
- taste　　「味がする」

- believe　「信じている」
- love　　「大好きである」
- hate　　「嫌っている」
- know　　「知っている」
- like　　「好んでいる」
- dislike　「嫌っている」
- want　　「望んでいる」
- think　　「考えている」

従属接続詞

【１】『時・条件』を表す従属接続詞

> 副詞節の中では未来のことでも現在形を使う（28ページ参照）

❶ 『時』を表す接続詞

- when　　「〜するとき」
- before　「〜する前に」
- till［until］「〜までずっと」
- as soon as　「〜するとすぐに」
- every time　「〜するときはいつでも」
- whenever　「〜するときはいつでも」
- while　　「〜する間」
- after　　「〜する後に」
- since　　「〜からいままで」
- by the time　「〜するまでには」
- the moment　「〜するとすぐに」

❷ 『条件』を表す接続詞

- if 「もし〜なら」
- in case 「〜するといけないから」
- as far as 「〜するかぎりは」
- unless 「〜でないかぎり」
- as long as 「〜するかぎりは」
- once 「いったん〜すれば」

【2】『時・条件』以外の従属接続詞

❶ 『対比』

- while 「〜する一方で」
- whereas 「〜する一方で」

❷ 『理由』

- because 「〜だから」
- as 「〜だから」
- now that 「いまやもう〜だから」
- since 「〜だから」
- in that 「〜だから」

❸ 『譲歩』

- though 「〜だけれども」
- even if 「たとえ〜でも」
- although 「〜だけれども」
- even though 「たとえ〜でも」

完了形（33ページ参照）

【1】現在完了形

❶ 『継続』「（過去から）いままでずっと〜している」

- I have known that actress since she was a baby.
  「その女優が赤ん坊のころからずっと知っている」

❷ 『完了・結果』「（過去からやりはじめて）ちょうどいま〜したところだ」

- I have just eaten the cake.　「ちょうどケーキを食べてしまったところだ」

❸『経験』「(過去から)いままでに〜した経験がある(いまその経験をもっている)」
- I have seen a koala once. 「コアラを1回見たことがある」

【2】過去完了形

❶『継続』「(過去の一時点まで) ずっと〜していた」
- My parents had been married for ten years when I was born.
「私が生まれたとき、両親は結婚して10年経っていた」

❷『完了・結果』「(過去の一時点で) ちょうど〜したところだった」
- He had already gone to bed when I phoned him.
「私が電話したときにはすでに彼は寝てしまっていた」

❸『経験』「(過去の一時点までに) 〜した経験があった (その過去の時点でその経験をもっている)」
- I hadn't seen a lion before I was twenty years old.
「ハタチまでライオンを見たことがなかった」

　＋　『現在までの矢印』が現在完了形でした。『過去完了形』は、過去の1点までの『継続』『完了・結果』『経験』のことで、つまり『過去までの矢印』なんです。
　　現在完了形同様、訳し方にこだわってもあまり意味がありませんので、『過去までの矢印』は過去完了形!!　ってイメージを大切にしてください。

【3】未来完了形

❶『継続』「(未来の一時点まで) ずっと〜しているでしょう」
- I will have been in hospital for three months next Sunday.
「今度の日曜で3カ月入院していることになる」

❷『完了・結果』「(未来の一時点で) ちょうど〜したところでしょう」
- I will have finished it by ten.
「10時までには、それを終えてしまっているだろう」

❸ 『経験』「(未来の一時点までに) ～する経験があるでしょう (その未来の時点でその経験をもっている)」

- If I read the book once more, I will have read it five times.
「もう1回その本を読めば、5回読んだことになる」

✚ 『未来完了』にも、現在完了・過去完了と同じく全部で3つの用法があります。
『未来までの矢印』、つまり未来の1点までの『継続』『完了・結果』『経験』を示します。

仮定法の公式

助動詞の過去形を使う（53ページ参照）

❶ 仮定法過去（過去形 使う／訳は『現在』）

If S 過去形 , S would 原形
「もし（いま）～ならば…だろうに」

→ would 以外に could / might / should でも可

- If I were a little younger, I would join you in climbing the mountain.
「もし私がもう少し若いなら、君と一緒に山登りするのに」

❷ 仮定法過去完了（過去完了 使う／訳は『過去』で）

If S had p.p. , S would have p.p.
「もし（あのとき）～ならば…だったろうに」

→ would 以外に could / might / should でも可

- If we had left home before seven, we could have made it in time for the eight o'clock train.
「もしも7時前に家を出ていたら、8時の電車に間に合っただろうに」

❸ 仮定法未来（should / were to 使う／訳は『未来』で）

ⅰ）If S should 原形, 命令文／S will 原形／S would 原形
ⅱ）If S were to 原形, S would 原形
「もし（これから）～ならば…だろうに」

→ would 以外に could / might / should でも可

文法の補足・語彙リスト

- If anyone $\boxed{\text{should}}$ call up, say that I'll be back at eight.
「もしも誰かから電話があったら、8時に戻ると伝えてください」

- If you $\boxed{\text{were to}}$ fall from that bridge, it would be almost impossible to rescue you.
「もしもその橋から落ちてしまったら、救出することはほぼできないだろう」

【補足】未来のことを仮定する場合は "should" か "were to"

> 仮定法未来だけ2つも公式があるんです。
> その理由は、どんなにありえそうもないことでも『未来のことは断定できない』からなんです。つまり、未来のことを言うときだけは、ありえそうにないことでも、
>
> ⅰ）基本的にありえない。でも1％くらい実現する可能性もなくはない（未来のことはわからないから言いきれない）。
> ⅱ）現実の世界とはキレイサッパリ切り離して（実現の可能性に関係なく）、完全に仮想の世界で語る。
>
> ……ってときの2種類の考え方があるんです。
> もしⅰ）の場合なら "should" を、ⅱ）の場合なら "were to" を使います。

"I wish" の後に続く形

"I wish" の後には仮定法が続く（47ページ参照）

❶ S 過去形　「いま～ならなあ」

- I wish I were a bird.　「もしもボクが鳥だったらなあ」

❷ S had p.p.　「むかし～だったらなあ」

- I wish I had listened to my parents.
「親の言うことは聞いておくべきだったなあ」

❸ S could 原形　「いま～できればなあ」

- I wish I could ski like him.　「彼くらいスキー上手になりたいなあ」

❹ S could have p.p.　「あのとき〜できていたらなあ」

- The beach was beautiful! I wish I could have stayed longer.
「ビーチは美しかった。もっと長くいたかったのになあ」

＋仮定法は、『見ため **過去形** なら、訳は **現在**』、
　『見ため **過去完了** なら、訳は **過去**』ですから
　①の "I wish S 過去形" では「いま〜ならなあ」と訳します。
　②の "I wish S had p.p." なら「むかし〜だったらなあ」と訳せばいいわけです。

後ろに to 〜がくる動詞

不定詞の基本概念は『未来・積極的・単発』（79ページ参照）

❶ 希望「〜したい」

- want to 〜　　　　「〜したい」
- hope to 〜　　　　「〜したい」
- would like to 〜　　「〜したい」
- wish to 〜　　　　「〜したい」

❷ 同意「〜するつもり」

- agree to 〜　　　　「〜に同意する」
- offer to 〜　　　　「〜しようと申し出る」

❸ 計画「〜するつもり」・決心「〜に決める」

- plan to 〜　　　　　「〜する計画だ」
- promise to 〜　　　「〜すると約束する」
- can afford to 〜　　「（これから）〜する余裕がある」

- decide to 〜　　　　「〜することに決める」
- determine to 〜　　「〜することに決める」

❹ チャレンジ「～しようとする」

- try to ～ 　　　　　「～しようとする」
- attempt to ～ 　　　「～しようとする」
- mean to ～ 　　　　「～しようとする」
- seek to ～ 　　　　「～しようと努力する」

❺ 積極的なニュアンスをもつもの

- manage to ～ 　　　「何とか～する」
- learn to ～ 　　　　「～できるようになる」

❻ 単発的な場面を想定するニュアンス

- happen to ～ 　　　「たまたま～する」
- prove to ～ 　　　　「～であると判明する」
- turn out to ～ 　　　「～であると判明する」
- seem to ～ 　　　　「～のようだ」
- appear to ～ 　　　「～のようだ」
- pretend to ～ 　　　「～のふりをする」

❼ 否定的な意味をもつもの「これから～するのを避ける」

- hesitate to ～ 　　　「～するのをためらう」
- refuse to ～ 　　　　「～するのを拒む」
- fail to ～ 　　　　　「～しない」

"be to ～" の細かい判別

すべて「～することになっている」っていう意味（82ページ参照）

❶『予定』　「～する予定」　※未来を示す語句とともに使われる

- We are to meet at seven. 　「7時に会うことになってるんです」

❷ 『意図』　「〜するつもり」　　※if 節の中で使われる

- If you are to win, you need to train harder.
「勝ちたいと思うなら、もっと一生懸命練習しなきゃね」

❸ 『義務』　「〜しなくてはいけない」　　※すごく強い命令を示す

- The children are to be in bed by nine.　「子供は9時までに寝なさいよ」

❹ 『可能』　「〜できる」　　※受身（be to be p.p.）で使われる・ふつう否定文で

- No stars were to be seen in the sky.　「空には星がひとつも見えなかった」

❺ 『運命』　「〜する運命だ」　　※過去形で使われる

- He was never to see his home again.　「二度と故郷に帰れない運命だった」

後ろに動名詞をとる動詞

動名詞のイメージは①反復・②中断・③逃避（86ページ参照）

❶ 反復

- practice 　　　「練習する」　練習って何度も何度も繰り返すものですよね
- enjoy 　　　　「楽しむ」　趣味は何度も繰り返して「楽しむ」んですよね
- be used to -ing 　「〜することに慣れる」　「慣れる」も繰り返しますね
- take to -ing 　　「〜にふける・習慣になる」　何度も繰り返してますね
- mind 　　　　「気にする」　イヤなことがあって頭の中でず〜っと反復です
- consider 　　　「考える」　あれやこれや頭の中でグルグル考えます
- imagine 　　　「想像する」　頭の中でグルグルいろんな想像です
- look forward to -ing 　「〜するのを楽しみに待つ」　楽しいことをグルグル想像です

文法の補足・語彙リスト

❷ 中断

- stop 「やめる」　『中断』のイメージ、そのまんまですよね
- quit 「やめる」
- give up 「あきらめる」
- discontinue 「やめる」　continue「続ける」の反対ですね
- finish 「終える」　『中断』の延長で「終える」も同じイメージです

❸ 逃避

- miss 「逃す」　『逃避』の「逃」ですね
- avoid 「避ける」　『逃避』の「避」です
- escape 「避ける」
- help 「避ける」　cannot help の形で使われます
- put off 「延期する」　『延期』は『現実逃避』と考えます
- postpone 「延期する」
- object to -ing 「反対する」　『逃避』→『反対』ってイメージです
- be opposed to -ing 「反対する」
- deny 「否定する」　「法案に反対する」＝「法案を否定する」
- resist 「抵抗する」　『反対』に近いイメージですね

【補足】動名詞は３つのイメージ ＋「過去」

不定詞のイメージは『前向き・未来志向』で、動名詞のイメージが『後ろ向き・過去志向』でしたね。この『過去』に注目すると、以下のようにまとめられます。『動名詞は３つのイメージ＋過去』ってまとめておけばバッチリです。

■ forget to ～	forget -ing
（これから）～するのを忘れる	（過去に）～したのを忘れる
■ remember to ～	remember -ing
（これから）忘れずに～する	（過去に）～したのを覚えている

- regret to ~　　　　　　　　　　regret -ing
  残念ながら（これから）～する☆　（過去に）～したのを後悔する

  ☆「もしこれから～したら後悔する」が直訳。「後悔するのはわかってるんだけど、しなくちゃいけない→残念ながら～する」って意味になります。

- stop to ~　　　　　　　　　　stop -ing
  立ち止まって～してみる☆　　　　～するのをやめる

  ☆stop to「～ちょっと立ち止まって～する」の stop は自動詞「立ち止まる」という意味。to は副詞的用法の不定詞「～するために」です。

単語の頭で韻を踏む（106ページ参照）

- as busy as a bee [beaver]　「ハチ[ビーバー]のように忙しい」→「とても忙しい」
- as cool as a cucumber　　　「キュウリのように冷静な」→「とても冷静な」
- as green as grass　　　　　「芝のように未熟な」→「青二才な」
- as clear as crystal　　　　「水晶のように明らか」→「とても明白な」
- as hungry as a hunter　　　「ハンターのようにおなかがすいた」→「とても腹ペコな」
- as proud as a peacock　　　「クジャクのように自慢して」→「大いばりで」
- as slow as a snail　　　　　「カタツムリのようにゆっくり」→「とても遅い」
- as smooth as silk　　　　　「シルクのようになめらか」→「とてもなめらか」

not を使った熟語

"no more than" とまぎらわしい熟語で "not" を使ったものがあります

- not more than ~　「多くても～」
- not less than ~　「少なくても～」

文法の補足・語彙リスト

頭韻

比較

> 安心してください。"not" はカンタンです。
> "not more than 1000 yen" をそのまま訳してみてください。
> 今回は矢印向けちゃダメです（『矢印２つ』ってワザは "no" のときだけです）。
>
> まず "not more than 1000 yen " の ワク の部分だけ訳してみましょう。
> 「1000円より多い」ですね。これを not で打ち消します。
> 直訳は「1000円より多い部分だけはやめてね（not）」
> →「1000円以下ならどこでもOKだけど、とにかく1000円を超えることはない」
> →「多くても1000円」って流れです。
>
> I have not more than 1000 yen.　「多くても1000円しかない」
>
> "not less than ～" もまったく同じです。
> 「1000円より少ない部分だけはやめてね（not）」
> →「1000円以上ならどこでもOKだけど、とにかく1000円を下回ることはない」
> →「少なくとも1000円」って訳せば OK です。

品詞

品詞の考え方

名詞・形容詞・副詞の役割（201ページ参照）

❶ 名詞　　　S・O・C になる

名詞は S（主語）、O（目的語）、C（補語）のどれかになります。
文を成立させるための大事な要素です。

❷ 形容詞　　名詞修飾 or Cになる

形容詞は名詞を修飾（説明）するか、C（補語）になります。

❸ 副詞　　　名詞以外を修飾

副詞は動詞、形容詞、他の副詞、文全体を修飾します。『名詞以外を修飾』って覚えるとスッキリしますね。副詞はなくてもいい、余分な要素です。

文法の補足・語彙リスト

節とは何か？

『節とは "カタマリ"』（27ページ参照）

『節』は基本的に『カタマリ』って考えれば十分です。
たとえば、『副詞節』なら『副詞のカタマリ』です。
ex. If you go now , you can catch the train.
「いますぐ行けば、電車に間に合いますよ」
If you go now の部分がカタマリになって、「間に合う」って動詞を修飾しています。動詞を修飾するのは副詞ですから、If you go now は『副詞のカタマリ』つまり『副詞節』になります。

文型

SV 人 物 の形をとる動詞

すべて「人に物を与える」って考えればOK!!（141ページ参照）

- give「与える」
- send「送る」
- teach「教える」
- tell「話す」
- show「見せる」
- bring「持ってくる」
- lend「貸す」
- pay「支払う」
- sell「売る」
- throw「投げる」
- write「書く」
- get「買ってあげる」
- do ☆「与える」　☆目的語には good（利益）/ harm（害）/ damage（害）/ a favor（親切な行い）
- allot「割り当てる」
- award「授与する」
- grant「与える」
- hand「手渡す」
- offer「提供する」
- pass「手渡す」

語法

rob の語法

形は "V 人 of 物"、意味は「人 から 物 を奪う」になる動詞（153ページ参照）

❶ マイナスの「奪う」

- **rob**　　They robbed the man of his watch.
　　　　　　「彼らはその男性から時計を奪った」
- **cheat**　She cheated him of his money.
　　　　　　「彼女は彼の金を巻き上げた」

❷ 中立（マイナスかプラスかは文脈次第）の「奪う」

- **deprive**　A toothache deprived me of sleep.
　　　　　　　「歯が痛くて眠れなかった」
- **strip**　　She stripped the baby of his clothes.
　　　　　　　「彼女は赤ん坊の服を脱がせた」

❸ プラスの「奪う」

- **cure**　　The doctor cured him of his illness.
　　　　　　「医者は彼の病気を治した」
- **relieve**　An aspirin relieved me of my headache.
　　　　　　「アスピリンを1錠飲んだら、頭痛が軽くなった」
- **rid**　　　We must rid the nation of drugs.
　　　　　　「その国から麻薬を撲滅させなければならない」
　　　　　　It's nice to be rid of him.
　　　　　　「彼がいなくてよかった」
　　　　　　I have finally got rid of my bad cold.
　　　　　　「やっと悪い風邪が治った」
- **clear**　　She cleared the roads of snow.
　　　　　　「彼女は道路の雪かきをした」

感情を表す動詞

「～させる」って意味になる!!（163ページ参照）

- amuse 「楽しませる」
- interest 「興味を与える」
- excite 「ワクワクさせる」
- thrill 「ワクワクさせる」
- delight 「喜ばせる」
- please 「喜ばせる」
- satisfy 「満足させる」
- relax 「リラックスさせる」
- move 「感動させる」
- touch 「感動させる」
- fascinate 「うっとりさせる」
- absorb 「夢中にさせる」
- involve 「夢中にさせる」
- surprise 「驚かせる」
- amaze 「驚かせる」
- astonish 「驚かせる」
- bore 「退屈させる」
- tire 「疲れさせる」
- exhaust 「疲れさせる」
- disappoint 「がっかりさせる」
- discourage 「がっかりさせる」
- disgust 「うんざりさせる」
- annoy 「いらいらさせる」
- irritate 「いらいらさせる」
- scare 「怖がらせる」
- frighten 「怖がらせる」

文法の補足・語彙リスト

自動詞と間違えやすい『他動詞』

> 直後に前置詞をとらない動詞（32ページ参照）

- resemble 「〜に似ている」
- answer 「〜に答える」
- telephone 「〜に電話する」
- obey 「〜に従う」
- attend 「〜に出席する」
- deserve 「〜に値する」
- reach 「〜に着く」
- enter 「〜に入る」
- approach 「〜に近づく」
- visit 「〜を訪問する」
- divorce 「〜と離婚する」
- leave 「〜を出発する」
- contact 「〜と連絡をとる」
- follow 「〜についていく」
- join 「〜に参加する」
- inhabit 「〜に住む」
- discuss 「〜について議論する」
- mention 「〜について言及する」
- consider 「〜について考える」
- survive 「〜より長生きする」

複合関係詞のまとめ

複合関係代名詞と複合関係副詞の比較（220ページ参照）

	複合関係代名詞	複合関係副詞
形	副詞節／名詞節	副詞節
意味	譲歩「たとえ～でも」	

複合関係詞の訳し方（223ページ参照）

複合関係詞	名詞節	副詞節
whoever	たとえ誰であっても、その人	たとえ誰であっても
whomever	たとえ誰であっても、その人	たとえ誰であっても
whatever	たとえ何であっても、それ	たとえ何であっても
whichever	たとえどれであっても、それ	たとえどれであっても
whenever	ナシ	たとえいつであっても
wherever	ナシ	たとえどこであっても
however	ナシ	たとえどれくらい～であっても

+ I'll follow you wherever you may go.「たとえどこへ行こうとも、ついていきます」
　However hard he may try, he will fail.「彼はたとえどんなにがんばっても失敗するよ」

あとがき

最後までお読みいただき、本当にありがとうございます。
本書から新たな英語の視点・考え方を感じとっていただければ、とてもうれしく思います。

ボクは日々、予備校の教壇で本書のような英語の考え方を発信しています。
多くの大学受験生から「英語が好きになった」「昔からの疑問が氷解した」という言葉をいただきました。
非常にありがたく思う反面、自分の教室の中でしか、その英語を表現できない無力さをもどかしく感じていました。電車の中で高校生が文法の問題集にマーカーを引きながら何か口ずさんでいる（おそらく丸暗記している）姿を見ると、なんとか英語の美しさを伝えられないものか……と思ってました。そこでいきなり話しかけるわけにもいかないし……。
さらに世間では「文法はワルモノ」「もっと使える英語を」という風潮の中、ますます「きちんと英文法を考える」ことが、まるで時代遅れかのように捉えられることが残念で仕方ありませんでした。

しかし今回、このような形で世に「英文法は役に立つ」という考えを自分なりに表現させていただけたことに、心から感謝いたします。
本書の「偉人のコトバに真摯に耳を傾け、きちんと英文法を考える」という企画をしてくださった、中経出版の西山久美子氏、並びに、全面的にご協力いただいた川金正法氏に、この場をお借りして深く感謝いたします。
本当にありがとうございました。
また、原稿のチェック・校正のお手伝いをいただいた、一橋大学の平林奈緒美さんにも感謝いたします。ありがとうございました。

著者

【参考文献】

- *The Little Prince* A Harvest Book Antoine de Saint-Exupéry
- *Who Moved My Cheese?* Vermilion; Reprinted Ed版 Spencer Johnson
- *Gulliver's Travels* 講談社インターナショナル Jonathan Swift
- *FAIRY TALES FROM HANS CHRISTIAN ANDERSEN* 講談社インターナショナル Hans Christian Andersen
- *GRIMM'S FAIRY TALES* 講談社インターナショナル Jacob Grimm／Wilhelm Grimm
- *Tales of Two Princesses: Cinderella & Sleeping Beauty* アイビーシーパブリッシング Xanthe Smith Serafin
- 『音読したい英語名言300選』 中経出版 田中安行監修 英語名言研究会編著
- 『I LOVE YOU 英語で届ける愛のことば』 中経出版 English Zone編集部
- 『English Zone 23 やさしい英語で読む世界の「人」』 中経出版
- 『English Zone #014 英語でつかむ世界のキャリア』 中経出版
- 『現代英語ことわざ辞典』 リーベル出版 戸田豊
- 『新訳 ロミオとジュリエット』 ウィリアム・シェークスピア 角川書店 河合祥一郎訳
- 『十二夜』 ウィリアム・シェークスピア 岩波書店 小津次郎訳
- 『ビジネスで使えることわざ：英会話の香辛料』 講談社インターナショナル 杉田敏
- 『「人を動かす」英語の名言』 講談社インターナショナル 大内博／ジャネット大内
- 『英語で「ちょっといい話」スピーチにも使える222のエピソード』 講談社インターナショナル アーサー・F・レネハン編 足立恵子訳
- 『新版 英語のことわざ』 創元社 秋本弘介
- 『音読王 心にきざむ英語の名文』 小学館 井上一馬
- 『人生を豊かにする 英語の名言』 研究社 森山進
- 『人生を考える英語 名言・迷句このひと言196』 プレジデント社 杉田敏
- 『シェイクスピアの英語で学ぶここ一番の決めゼリフ』 マガジンハウス 中野春夫
- 『音読して楽しむ名作英文』 はまの出版 安井京子
- 『心を揺さぶる！ 英語の名言』 PHP研究所 松本祐香
- 『スクリーンから聞こえるしゃれた英語 カタカナ英語・ことわざ・比較表現』 三修社 仙福健治

■著者紹介

関　正生（せき　まさお）

◆略歴
　1975年7月3日　東京生まれ。
　埼玉県立浦和高校、慶応義塾大学文学部（英米文学専攻）卒業。リクルート運営のオンライン予備校「受験サプリ」講師、秀英予備校・秀英BBS（ブロードバンドスクール）講師。予備校デビュー１年目から出講校舎すべてで、常に最多の受講者数・最速の締め切り講座数を記録。現在も記録を更新中。授業は、200人教室が満席。その授業は遠隔受講システムで、全国の校舎にライブ中継される。
　１週間で2000人以上の大学受験生を指導している。
　そのほか、新聞・雑誌のコラムや特集記事の執筆などでも活躍中。

◆著書
●世界一わかりやすい授業シリーズ
　『世界一わかりやすい　英文法の授業』『世界一わかりやすい　英作文の授業』『世界一わかりやすい　英会話の授業』『世界一わかりやすい　英語の発音の授業』『世界一わかりやすい　英単語の授業』

●人気大学過去問シリーズ
　『世界一わかりやすい　早稲田の英語　合格講座』
　『世界一わかりやすい　慶應の英語　合格講座』

●TOEICテスト対策
　『本当に英語の力をつけたい人のためのTOEICテストの基本英文法』（福崎伍郎・共著）

　以上、すべて中経出版刊。韓国・台湾でも翻訳出版されている。

世界一わかりやすい英文法の授業

2008年2月11日　第1刷発行
2016年3月7日　第47刷発行

著　者　関　正生（せき　まさお）
発行者　川金　正法

発　行　株式会社KADOKAWA
　　　　〒102-8177　東京都千代田区富士見2-13-3
　　　　03-3238-8521（カスタマーサポート）
　　　　http://www.kadokawa.co.jp/

落丁・乱丁本はご面倒でも、下記KADOKAWA読者係にお送りください。
送料は小社負担でお取り替えいたします。
古書店で購入したものについては、お取り替えできません。
電話049-259-1100（9：00～17：00／土日、祝日、年末年始を除く）
〒354-0041　埼玉県入間郡三芳町藤久保550-1

DTP／フォレスト　印刷／新日本印刷　製本／越後堂製本

Ⓒ2008 Masao Seki, Printed in Japan.
ISBN978-4-04-602549-4　C2082

本書の無断複製（コピー、スキャン、デジタル化等）並びに無断複製物の譲渡及び配信は、
著作権法上での例外を除き禁じられています。また、本書を代行業者などの第三者に依頼して
複製する行為は、たとえ個人や家庭内での利用であっても一切認められておりません。

（検印省略）